U0517080

21世纪普通高等院校系列规划教材

中欧食品贸易案例解析

ZHONGOU SHIPIN MAOYI ANLI JIEXI

主　编　毛丽君

副主编　韩大平

西南财经大学出版社

中国·成都

图书在版编目(CIP)数据

中欧食品贸易案例解析 / 毛丽君主编 . —成都:西南财经大学出版社,2018.12

ISBN 978-7-5504-3696-1

Ⅰ.①中… Ⅱ.①毛… Ⅲ.①食品—双边贸易—案例—中国、欧洲 Ⅳ.①F752.75

中国版本图书馆 CIP 数据核字(2018)第 196262 号

中欧食品贸易案例解析

主　编　毛丽君

副主编　韩大平

责任编辑:冯　雪

封面设计:杨红鹰　张姗姗

责任印制:朱曼丽

出版发行	西南财经大学出版社(四川省成都市光华村街 55 号)
网　　址	http://www.bookcj.com
电子邮件	bookcj@foxmail.com
邮政编码	610074
电　　话	028-87352211　87352368
照　　排	四川胜翔数码印务设计有限公司
印　　刷	郫县犀浦印刷厂
成品尺寸	185mm×260mm
印　　张	9.5
字　　数	202 千字
版　　次	2018 年 12 月第 1 版
印　　次	2018 年 12 月第 1 次印刷
书　　号	ISBN 978-7-5504-3696-1
定　　价	38.00 元

总序

　　人才培养质量是大学的生命线，人才培养质量改革是大学发展永恒的主题。人才培养的优势和特色，决定着学校的发展方向、前途和命运。自 2007 年 3 月起，德州学院组织全体教授认真学习研究了《教育部财政部关于实施高等学校本科教学质量与教学改革工程的意见》和《教育部关于进一步深化本科教学改革全面提高教学质量的若干意见》两个重要文件，先后出台了《德州学院关于深化教学改革全面提高教学质量的意见》《德州学院关于人才培养模式改革的实施意见》和《德州学院人才培养模式创新实验区建设与管理办法（试行）》三个执行文件。2009 年年初，德州学院决定集全校之力，开展创业型人才培养模式创新实验区建设工作。

　　德州学院于 2011 年 3 月 17 日制定了《德州学院关于培养创新性应用型人才的实施意见》，提出了创新性应用型人才的教育改革思路。2011 年 10 月，德州学院决定以经管类创业教育创新实验区建设为试点，集全校之力，开展创新创业型人才培养模式改革工作；同时明确了创业教育创新实验区的任务，即扎实开展创业型人才培养模式的理论研究和实践探索，总结培养创新性应用型人才的经验和教训，为创建山东省应用型人才培养特色名校提供理论支持和工作经验。2012 年 8 月，德州学院基于四位一体理念的创业教育创新实验区，被山东省教育厅评为省级人才培养模式创新实验区。

　　从国家与山东省经济发展战略来看，急需培养一大批创新性应用型人才。目前，我国经济正在从工业化初期向工业化后期转变，以培养基础扎实的专业型人才为主要目标的人才培养模式暴露出了不能满足社会多元化需求的缺陷，造成了大量学生的就业困难。人才培养模式的改革，首先，需要转变教育理念。教育不能局限于知识的传授，教师的作用应该是培养学生的自学能力，注重发掘学生的特长，帮助学生形成良好的个性品质，树立培养学生创新与创业精神的教育理念。其次，要调整培养目标，应该以适应地方经济和社会发展变化的岗位工作需要为导向，把培养目标转向知识面宽、能力强、素质高、适应能力强的复合型人才上来，同时，把质量标准从单纯的学术专业水平标准变成社会适应标准。最后，要改变培养方式。要与社会对接和交流，要从封闭式走向开放式，同时，应该加快素质教育和能力培养内容与方法的改革，全面提升学生的社会适应能力和不同环境下的应变能力，把学生培养成为具有较高的创新意识，长于行动、勇担风险、百折不挠的创新创业型人才。

人才培养内容与方法的改革是人才培养模式改革的核心内容。创新实验区工作小组对德州学院创业型人才培养目标从政治方向、知识结构、应用能力、综合素质、就业岗位、办学定位和办学特色七个方面进行了综合描述，从经管类人才培养的知识结构、能力结构和综合素质三个方面进行了规格设计，针对每一项规格制订了相应的课程、实验、实习实训、专业创新设计、科技文化竞赛等教学环节培养方案，构建形成了以能力为主干，创新为核心，素质、知识、能力和就业和谐统一的理论教学体系、实践教学体系和创新创业教学体系。

人才培养内容与方法的改革是人才培养模式改革的核心内容。创新实验区工作小组提出，要以创业教育创新实验区系列教材编写与使用为突破口，利用3~5年的时间，初步实现课程教学从知识传授向能力培养的转型。这标志着德州学院人才培养模式改革进入核心与攻坚阶段，既是良好的机遇，更面临巨大的挑战。

这套创业教育创新实验区系列教材的编写基于以下逻辑：德州学院经济管理学院率先完成了创新性应用型人才培养理论教学体系、实践教学体系和创新创业性创业教育教学体系的框架构建，其中，理论课程内容的创新在理论教学体系改革中居于核心和统领地位。该人才培养内容与方法的创新把专业课程划分为核心课程、主干课程、特色课程三类，分别采取不同的建设措施，其中，核心课程建设按照强化专业知识、培养实践能力和提高学生素质的要求，划分为经典课程教学选用、案例与实训教程设计和教师教学指导设计三个环节进行建设。

这套创业教育创新实验区系列教材是在许许多多的人，包括学校教务处、学生处、经管学院教师和部分学生家长的共同努力下完成的，凝聚了大家的智慧和心血。希望这套教材能为新建本科院校的创新性应用型人才培养特别是人才培养模式的改革创新探索出一条成功之路。

李桂起

2013 年 10 月

前言

　　自 2009 年，德州学院开展山东省创业教育创新实验区创建活动以来，基于创业教育为素质选拔、知识传授、能力培养和创业带动就业"四位一体"的理念，2012 年，被山东省教育厅评为省级人才培养模式创新实验区。由创新创意实验区、产品（创意）研发实验区、创业计划实验区和创业企业孵化区四部分构成实验区整体规划已基本完成。

　　2013 年，实验区按照规划建设任务和教育部办公厅关于印发《普通本科学校创业教育教学基本要求（试行）》的通知（教育厅〔2012〕4 号）编写出版了《创业基础》和《创业基础案例与实训》公共选修课教材，并在全校范围内开设了创业基础、创业融资、创业营销、创业与就业等公共选修课程，取得了良好的效果。

　　根据创业教育创新实验区工作小组安排，中欧食品贸易案例解析课程教学团队正式编写出版本《中欧食品贸易案例解析》教学教材，实验区把中欧食品贸易案例解析课程定位为知识传授，所以，本教材的特点是：

　　本书通过对欧洲食品贸易法规进行全面系统的解析，同时分析欧洲食品贸易法规对我国食品贸易的影响，并提出相应的应对措施，不仅有利于我国正确应对欧洲食品安全标准贸易壁垒，更有利于我国食品出口贸易的长远发展。

　　本书由毛丽君担任主编，并负责全书写作框架的拟定，编写的组织与管理、章节要点审核与指导，以及全书编纂工作。本书共有六章，具体章节如下：

　　第一章中欧食品贸易概述，通过分析中欧商品贸易现状和特点，发现中欧商品贸易的特点和存在的问题；第二章欧盟食品安全法规概述，分析了欧盟食品安全法律的原则和特征以及欧盟关于转基因食品的立法，探讨了欧盟食品安全法律体系的框架和法规的实施情况，着重分析了欧盟关于农药残留的管理规定；第三章食品安全与国际贸易的相互影响，重点分析了欧盟技术贸易壁垒、保障措施和限制措施等有关食品安全方面的实施对我国食品贸易的影响；第四章欧盟食品安全法规下的食品贸易案例分析，则利用典型案例进一步分析欧盟食品安全法规的实施和对我国食品贸易的影响。第五章我国应对欧盟等发达国家和地区技术贸易壁垒的措施，从出口企业、食品行业和政府三个方面提出了我国应对欧盟食品安全法规的措施建议；第六章欧盟食品安全法规对我国的启示，指出我国目前食品安全法规存在的不足，并提出具体的改革和完善措施。

　　本书可以作为普通高等学校和高职高专院校公共选修课教学使用，也可以作为管理类专业本科学生自学之参考书。由于主编和编写人员能力有限，本书难免有疏漏和不足，恳请广大读者和同行批评指正。

编　者

2018 年 3 月

目录

第一章　中欧食品贸易概述

● 一、中欧商品贸易现状

　　1993—2004 年，日本是中国最大的贸易伙伴。而 2004 年，随着捷克、波兰、匈牙利等东欧国的加入，欧盟成员国增至 25 国，欧盟的经济呈现出快速发展的状态。继日本之后，欧盟于 2004 年成功成为中国最大的贸易伙伴，并将这一地位一直保持到现在。这期间，中欧每天的贸易往来额约 15 亿美元，连续三年双边贸易额超过 5 000 亿美元。时任中国商务部部长的高虎城在 2014 年两会期间说，2013 年中欧双方贸易额高达 5 662 亿美元，比 1975 年建交时增长了 235 倍。中欧经贸关系已是世界上规模最大、最具活力的经贸关系之一，中欧已提出到 2020 年双边贸易额达到 1 万亿美元的目标。并且，中国与欧盟发达成员国处于经济发展的不同阶段，在市场、技术和劳动力资源等方面有着很强的互补性，中欧经济相互依存度极高。至此，欧盟与中国确立了至关重要的互惠合作的贸易关系。与此同时，中国也是欧盟的第二大贸易伙伴并且是欧盟第二大出口市场和第一大进口来源国。

　　在食品贸易方面，多年来，中国国家质检总局与欧盟委员会健康与消费者保护总司、欧盟各成员国食品安全主管部门都建立了良好的合作关系，开展了广泛的交流与合作。2002 年，中欧双方共同成立了食品安全专家工作组，通过专家工作组的合作，解决了口蹄疫问题、二噁英问题和中国动物源性食品输欧问题。2006 年 1 月 16 日，双方签署了《中华人民共和国国家质量监督检验检疫总局与欧盟委员会健康与消费者保护总司关于管理合作安排的谅解备忘录》，建立了中欧在食品和消费品安全领域的合作机制。在中欧双方的共同努力下，中欧食品贸易得到健康顺利的发展。

图 1-1 是对近 10 年中国的三大贸合作伙伴进行了比较。我们可以看到,从 2000 年到 2011 年,中日贸易额的比重与中美贸易额的比重都有了明显的下降,分别下降了 7.5% 与 2.3%,而中欧贸易额的比重却上升了将近 2 个百分点。甚至在 2008 年的时候,中欧贸易额的比重高达 16.8%。

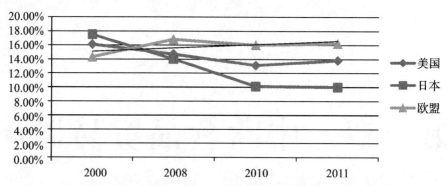

图 1-1 欧盟、日本、美国占中国对外贸易额的变化趋势 (2000—2011 年)
数据来源:商务部数据整理。

表 1-1 呈现了中国与欧盟从 2000 年至 2011 年的各项重要的贸易数据,从这张表中可以明确看到:随着中欧的贸易总额的逐年增长,中国对欧盟的贸易顺差也在逐年增加。

表 1-1　　　　　　　　　　中欧(盟)贸易统计数字　　　　　　　　单位:亿美元

年份	总额	占中国外贸比重	中国出口	中国进口	中方贸易平衡
2000	690.4	14.3%	381.9	308.5	73.5
2001	766.3	15.0%	409.0	357.2	51.8
2002	867.6	14.0%	482.1	385.4	96.7
2003	1 251.2	14.7%	721.6	530.6	190.9
2004	1 772.9	15.4%	1 071.6	701.2	370.4
2005	2 173.1	15.3%	1 437.1	736.0	701.1
2006	2 723.0	15.5%	1 819.8	903.2	916.6
2007	3 561.5	16.4%	2 451.9	1 109.6	1 342.3
2008	4 255.8	16.8%	2 928.8	1 327.0	1 601.8
2009	3 640.9	16.5%	2 362.8	1 278.0	1 084.8
2010	4 797.1	16.1%	3 112.4	1 684.8	1 427.6
2011	5 222.4	16.3%	3 576.3	1 646.1	1 932.2

资料来源:商务部发布数据整理。

二、中欧商品贸易特点

（一）商品贸易结构得到改善，高新技术产品贸易快速增长

表 1-2 展示了中国对英国、德国、法国等三个欧盟主要经济大国的贸易商品结构。从表中可以看出，中国对这三个欧盟主要的经济大国顺差最大的 10 类优势产品大体可以分为两类：一类为包括服装、杂项制品、金属制品、纺织、箱包、鞋类、家具等在内的传统劳动密集型产品，一类为电信设备、办公设备，中国在这类全球化生产极高的商品中，处在劳动密集的加工组装环节。2002 年，中国对欧盟主要经济大国逆差最大的 10 类劣势商品大体可以分为两类：一类包括特种机械、车辆、动力机械及设备、金工机械、专业科学及控制用仪器等技术密集型产品；一类包括钢铁和化学原料等资本密集产品。2002 年，这些产品共占中国对欧盟三国全部进口的 60%。显然，中国与欧盟之间处于国际分工中的垂直分工状态，双方间存在着较强的互补性，中欧贸易的发展潜力和空间巨大。这也是长期以来中欧贸易稳步发展并在近期迅猛增长的首要原因。

表 1-2　　　　　中国与欧盟主要国家（英、德、法）之间的贸易互补结构

	商品名称	贸易差额（亿美元）	占出口总额比重（%）
中国顺差最大商品	服装	24.4	10.5
	电信及声音录制重放设备	21.1	13.1
	杂项制品	20.5	11.1
	办公机械自动数据处理设备	19.3	10.6
	金属制品	8	5.4
	纺纱织物、制成品	7	3.6
	旅行用品、手提包及类似品	5.4	2.4
	鞋靴	4.9	2.1
	家具及零件	4.2	2.2
	活动房水道供热及照明装置	3.2	1.5
	合计	118.1	62.7
中国逆差最大商品	特种工业专用机械	-32	14.1
	陆路车辆	-17.6	9.4
	通用工业机械设备及零件	-16.1	9.3
	动力机械及设备	-14.1	6.4
	金工机械	-9	4
	专业科学及控制用仪器装置	-8.9	5
	钢铁	-6.5	3
	其他化学原料及产品	-4.3	2.5
	初级形状的塑料	-4.2	1.9
	其他运输设备	-2.5	3.2
	合计	-115.2	58.9

资料来源：赵晋平. 走向成熟——关于中国与欧盟关系的若干认识 [J]. 国际贸易，2003（11）.

3

20世纪90年代之前，中国向欧盟出口的主要为传统的大宗商品及轻工产品，进口的主要是成套设备及钢材等产品。20世纪90年代之后，进出口结构有了一些变化，但进口商品仍以工业制成品为主，而出口产品除初级产品外开始有了工业制成品。2002年以后，中国对欧盟出口贸易结构出现了根本变化，机电产品成为出口的拳头产品，高新技术产品贸易也在快速增长。根据商务部电机和科技产业司的统计，2000年以来的4年间，中国与欧盟的高新技术产品贸易增长近两倍，年均增幅达32.5%。其中中国对欧盟高新技术产品2000年出口达到77.4亿美元，2004年出口达到372.3亿美元，年均增长近50%。2004年中国出口到欧盟的高新技术产品占中国高新技术产品出口总额的22.5%。

（二）中国出口欧盟主要商品的变化图

如图1-2所示，我国的钢材、塑料、纺织品、家具、玩具等主要出口欧盟商品的贸易量仍在稳步上升。其中，电子类产品计算机、显示器、彩电等高新技术产品贸易量增长势头迅猛，已成为我国出口欧盟的主要商品，欧盟已成为中国高新技术产品第二大出口目的地。

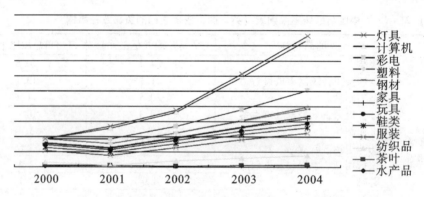

图1-2　2000—2004年中国主要商品出口欧盟贸易额

资料来源：由《中国对外经济贸易年鉴》整理而得。

● 三、中欧商品贸易关系发展中存在的问题

（一）中欧贸易发展不平衡，仍有较大发展潜力

这种不平衡主要表现在：中国对欧盟贸易依赖性较大，而欧盟对华贸易依赖性非常小。多数年份双方进出口差额不平衡，中国对欧盟贸易逆差直到1997年才得以改善。中欧贸易额主要集中在欧盟5国，中德贸易额占中欧贸易额的1/3左右，中国与欧盟其他国家的贸易扩展有较大潜力。

（二）欧盟内外有别的贸易政策一定程度上制约了双边贸易潜力的挖潜

　　欧盟成员国在进口时常采用欧盟统一规则，设置技术标准、环保标准等非关税壁垒来限制其他方进入欧盟市场，实施保护色彩很强的共同经济政策以维护自身利益。出口时则采用各成员国较灵活的规则，对其内部产品实施政府补贴或出口奖励以扩大出口，保护本国市场。欧盟这种内外有别的贸易政策，使得中国要面对的标准较为复杂。

（三）欧盟的贸易政策增加了贸易争端与摩擦

　　目前，中欧贸易摩擦数量居高不下，引起摩擦的领域由低附加值产品贸易扩大到高附加值产品贸易，摩擦涉及的中国出口商品范围从单个产品逐渐扩散到整个产业。反倾销、保障措施、技术性壁垒、知识产权成为我国与欧盟国家贸易摩擦的四个新方向，其中反倾销仍是双方贸易摩擦的最大热点，欧盟保障措施特别是针对中国的特别保障措施呈现上升态势，技术性壁垒愈加成为我国出口难以逾越的障碍，知识产权的影响范围将会越来越大。

四、中欧食品贸易发展现状

（一）全球食品贸易的发展现状

　　食品作为全世界人民的共同需求之一，虽然说由于地区及国度的差异，各国人民对食品口味的选择及需求量不尽相同，但是人们对食品的需求是必然的。随着经济全球化的加速发展，食品贸易作为全球经济的重要组成部分之一也正以强劲的势头发展着。表1-3是全球主要国家和地区食品出口贸易情况，从表中非常明显地得出，全球主要食品出口国家及地区中，居首位的一直是欧盟，紧随其后的是美国，二者占据全球食品出口总额的一半以上，这样重要的地位目前来讲是其他国家无法替代的。

表 1-3　　　　　　　　　　全球主要国家和地区食品出口贸易情况

	出口额（十亿美元）	占世界食品出口比例（%）			
	2008 年	1980 年	1990 年	2000 年	2008 年
欧盟	481.05	——	——	43.8	43.2
美国	112.63	17.6	13.4	12.6	10.1
巴西	54.30	4.2	2.8	3.0	4.9
加拿大	39.33	3.5	3.5	4.1	3.5

表1-3（续）

	出口额（十亿美元）	占世界食品出口比例（%）			
	2008 年	1980 年	1990 年	2000 年	2008 年
阿根廷	36.82	2.3	2.2	2.7	3.3
中国	35.90	1.4	2.5	3.1	3.2
印度尼西亚	24.09	0.7	0.9	1.3	2.2
泰国	23.29	1.3	2.1	2.3	2.1
马来西亚	23.12	0.9	1.1	1.3	2.1
澳大利亚	21.58	3.3	2.5	2.9	1.9
印度	18.28	1.1	0.9	1.2	1.6
墨西哥	16.50	0.9	1.0	1.9	1.5
新西兰	15.29	1.1	1.5	1.3	1.4
俄罗斯	13.70	—	—	0.9	1.2
越南	11.83			0.8	1.1
总计	927.69			83.2	83.3

数据来源：《2009 国际统计年鉴》整理。

从表1-3中我们可以看出，食品出口方面，欧盟一直位居第一。统计数据显示，2008 年欧盟的食品出口额占世界食品出口总额的 43.2%，接近 45%。位居第二的是美国，从单个国家来看，美国是单个国家中食品出口额占世界食品出口总额最多的国家，1980 年高达 17.6%，之后虽然有所下降，但仍居单个国家中的首位，并且美国食品出口额所占比重是随之其后的巴西食品出口额所占比重的 2 倍以上。而我国的食品出口贸易额位居第六，所占比重一直保持稳健的增长态势，2008 年占世界出口食品贸易总额的 3.2%左右。

（二）我国食品贸易的发展现状

1. 我国食品出口特点

（1）出口结构。

图 1-3 是 2009 年我国食品出口结构图，从图中我们可以看出，居于前两位的水产品和蔬菜所占的比重分别是 20% 和 15%。这两大主体市场虽然比重较大，却正面临着全面下滑的危险。对于我国食品出口中位居第一的蔬菜，它的出口方向正是对于我国蔬菜需求量极大的日本，由于日本本身地理环境及土壤情况的特点，这个国家的蔬菜几乎都是从我国进口的。位居第三的是水果，占总体比重的 6%，而且出口的水果中以我国南方生产的水果为主，这些水果深受进口国消费者的喜爱。位居第四位的是肉及食用杂碎，以冷冻的方式出口的较多，出口占总体的比重为 5%。

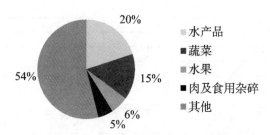

图 1-3　2009 年我国食品出口结构

（2）地区分布。

图 1-4 是 2010 年我国食品出口国别分布图，从图中可以看出，无论是从单个国家，还是从国家和地区总体来看，我国食品出口第一国都是日本。2010 年出口日本的食品占我国食品出口总量的 17.59%。我国的食品出口区域呈现集中化，继日本之后就是东盟，占我国食品出口的 14.95% 左右，紧随其后的是欧盟和美国。这前四位的国家和地区加在一起占我国出口食品总量的 57%，超过了一半，这个数字也正好说明我国食品出口呈现出口区域集中化趋势。

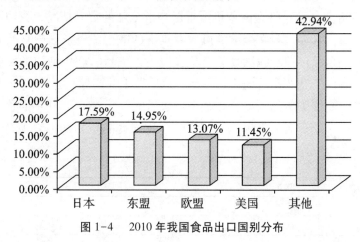

图 1-4　2010 年我国食品出口国别分布

（3）市场份额。

图 1-5 以折线图的方式展示了我国出口食品在世界市场的份额，总体呈现出上升趋势。1980 年，我国出口食品仅占世界市场份额的 1.4%，之后稳步上升，2007 年达到 3.6%。由于金融危机的影响，2008 年略微下降为 3.2%，之后缓慢复苏，2009 年为 3.23%，2010 年为 3.26%。与之形成鲜明对比的是总体上呈现大幅度的下降趋势曲线——我国的食品出口额占我国商品出口总额的比重变化情况。1980 年，食品出口占我国商品总出口的比重为 14.6%，之后则是大幅度的持续下滑，最低点为 2007 年的 2.52%。从 2008 年开始，该比例以缓慢的脚步上升，这是由于即使有金融危机的影响，全世界人民对食品的需求仍是首位的，从我国近三年的出口情况来看，金融危机对其他行业的影响远大于对食品行业的影响，2008 年比例上升为 2.56%，2010 年进一步上升到 2.86%。

图 1-5　我国食品出口份额

2. 我国对外食品贸易现状

　　图 1-6 为 2006—2010 年我国食品贸易差额情况，由图我们可以看出，2006 年和 2007 年我国的食品贸易一直是保持着顺差，即我国食品出口额大于进口额。图中数据显示，2006 年我国食品贸易顺差额为 46.8 亿美元，2007 年顺差额为 16.7 亿美元。然而，2008 年的全球性金融危机严重影响了全球的贸易情况，我国的食品贸易也难以独善其身，食品出口在金融危机大背景下的减少，以及国内食品频频发生的安全事件对我国食品产业和我国食品形象在国内外消费者心中造成的影响，使得国内的消费者更倾向于购买高价的进口食品，这些原因共同导致了从 2008 年开始，我国食品贸易顺差转变为贸易逆差。在金融危机后的三年中，2010 年的食品贸易逆差最大，达到 147.2 亿美元。2008 年和 2009 年我国食品贸易的逆差值分别为 131.6 亿美元、94.7 亿美元。

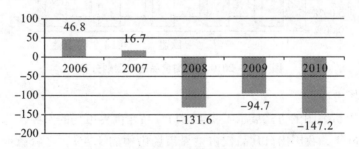

图 1-6　2006—2010 年我国食品贸易差额情况（单位：亿美元）

　　近几年，我国食品改革的一个重要方面是改变食品出口结构，目前已取得了一定的成果，具体数据详见表 1-4，图 1-7 更加清晰地表明了我国 2005—2010 年的食品进出口走势情况。

表 1-4	2005—2010 年我国食品进出口额		单位：亿美元
年份	进出口总额	出口额	进口额
2005	449.8	243.6	206.2
2006	470.6	266.6	204
2007	615.1	309.1	306
2008	865	366.4	498.6
2009	561.1	337.5	223.6
2010	1 050	451.4	598.6

数据来源：中华人民共和国海关总署网站。

　　由图 1-7 我们可以清晰地看到，我国 2010 年食品进出口总额为 1 050 亿美元，是 2005 年的 2.33 倍。对于进出口总额，除了 2009 年有所回落，总体上保持着强劲的增长态势。而从我国食品出口额来看，除了 2009 年略微下降，整体是缓慢增长。也就是说，近年来，我国食品贸易额的增长主要得益于食品进口额的大幅度增加，国产食品的不安全使得国内消费者失去信心，转而倾向于对进口食品的购买。纵观 2005—2010 年占我国食品出口额前四名的主要出口国家及地区，2005—2008 年我国食品主要出口国家及地区分别是：日本、美国、韩国、中国香港，2009—2010 年主要是：日本、欧盟、东盟、美国。日本始终稳居我国食品出口方向的第一位，出口额即将突破 80 亿美元，详见表 1-5。

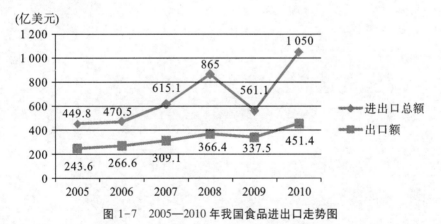

图 1-7　2005—2010 年我国食品进出口走势图

表 1-5	2005—2010 年我国食品出口主要国家及地区情况			单位：亿美元
年份	我国食品出口主要国家（地区）及出口额情况			
2005	日本（70.65）	韩国（25.05）	美国（23.89）	中国香港（23.87）
2006	日本（74.04）	美国（32.58）	韩国（24.75）	中国香港（23.86）
2007	日本（73.76）	美国（37.02）	韩国（30.36）	中国香港（27.15）
2008	日本（65.28）	美国（42.39）	中国香港（31.14）	韩国（22.97）
2009	日本（65.3）	欧盟（50）	东盟（46.5）	美国（42.2）
2010	日本（79.4）	东盟（67.5）	欧盟（59.0）	美国（51.7）

数据来源：中华人民共和国商务部网站。

随着我国食品出口占全球食品贸易的比重的增加，一些进口国为了保护本国的食品生产企业，利用多种措施对我国的食品出口进行限制，严重影响我国食品对外贸易的健康发展。2010 年我国主要的食品出口国是日本、欧盟、美国。

小结

通过本章的分析，我们可以看出，虽然在出口量和出口额方面欧盟并不是我国食品出口贸易的最大伙伴，但是有逐年增加的趋势。而且，欧盟食品安全法规的建设也是非常完善和全面的，其食品安全保护水平在世界上公认为最高水平。因此，无论是为保障本国广大消费者的利益还是为了扩大出口规模，了解欧盟关于食品安全的法律法规都具有重要意义。

第二章　欧盟食品安全法规概述

　　食品安全问题是国际社会普遍关注的重大问题。针对食品安全这一具体领域，国际社会高度重视运用法治思维进行治理。欧盟自 2000 年 1 月 1 日发布《食品安全白皮书》以来，经过不断努力，已经具备了一套较为完善的食品安全法律体系，具有世界上公认的最高食品安全保护水平。欧盟食品安全法律体系强调全程监控、风险评估和长效追溯机制等食品安全制度的重要性。目前，欧盟有应对各种食品问题的具体规定，其食品安全立法几乎贯穿了整个食品生产流通线。针对不同的食品种类，欧盟还设置了不同的市场准入机制以及检验标准。欧盟在食品立法方面拥有着宝贵的经验，在确保对消费者健康高水平保护的同时，又向消费者提供了完整和透明的信息。自 2002 年欧盟食品安全局成立以来，欧盟食品安全的立法和监督体系不断完善。尤其是 2006 年开始实施《欧盟食品及饲料安全管理法规》以来，政策调整、修正标准的力度不断加大。中国作为欧盟食品来源国之一，每年输欧食品金额达百亿美元。了解和熟悉欧盟食品法规变动的最新动向及要求，及时采取相应对策，实属必要。

　　欧盟是当今世界一体化程度最高的区域政治、经济集团组织，其总部设在比利时首都布鲁塞尔。欧盟原有 15 个成员国，分别为法国、德国、意大利、荷兰、比利时、卢森堡、丹麦、爱尔兰、英国、希腊、西班牙、葡萄牙、奥地利、芬兰、瑞典。2004 年 5 月 1 日后，欧盟东扩，新增 10 个成员国——波兰、匈牙利、捷克、斯洛伐克、爱沙尼亚、拉脱维亚、立陶宛、斯洛文尼亚、马耳他和塞浦路斯。欧盟扩大到 25 国后，面积达到 400 万平方公里，人口增至 4.5 亿，国内生产总值将超过 10 万亿美元。作为一个拥有世界上最广阔地域与经济发展水平最高的地区，食品安全在欧盟具有举足轻重的地位。

但是，人类社会各个方面的发展都建立在不断获得的经验，甚至是惨痛的教训的基础之上，同目前包括我国在内的大多数发展中国家正在经历的食品安全变革一样，欧盟的食品安全也经历了一段非常艰苦的成长过程，其食品安全法律体系也是在不断地完善和创新中。包括欧盟在内的许多发达国家在食品安全管理领域的根本性改革和目前取得的重大进展都源于 20 世纪 90 年代几起惨痛的食品安全事件的触动。欧共体自 20 世纪 60 年代成立之初，就制定了食品政策，以确保食品在各成员国之间自由流通。随后，为了缓解战争造成的食物供给危机，欧共体又制定了共同农业政策，这个政策对促进欧洲农业发展、稳定农产品市场及保证欧洲食物供给做出了重要贡献。但是，在较长时期内，共同农业政策的重心一直放在以大量价格补贴来促进农产品增长上，对于可能导致的食品安全危机的管理和预防投入严重不足。欧盟建立之初，食品安全领域的立法比较薄弱，仅在食品添加剂、食品标签、特殊营养用途食品、食品接触材料和官方控制等几个方面有些零散的立法，由于这样的法规体系不健全，而且在成员国间的协调性不够，20 世纪 90 年代，爆发了举世震惊的二噁英、疯牛病、掺假橄榄油等事件，对欧盟造成了惨重的损失。这一系列危机的爆发暴露了欧盟的旧食品法规在设计和应用上的缺陷，摧毁了公众对其食品产业和国家机构确保食品安全能力的信任，对当事国政府及欧盟构成了严峻挑战。为了使消费者恢复对食品安全的信心，欧盟不得不重新审视自己的食品安全体系，并开始了其彻底的改革之路，即制定了严格的食品安全政策，建立了完善的食品安全法规体系。

欧盟对食品质量安全控制有着自己的一套较为有效、严密的体系。一方面，欧盟制定了一系列有关食品的法律，涵盖了食品安全方方面面的内容，十分繁杂、详细。欧盟现有 25 个成员国，每个国家都有本国现行的关于食品安全的法律体系，其中的具体规定是很不相同的。另一方面，欧盟建立了适应市场经济发展的国家技术标准体系，并达到了完善阶段，在完善的技术标准体系下，标准已深入社会生活的各个层面，为法律法规提供技术支撑，成为市场准入、契约合同维护、贸易仲裁、合格评定、产品检验、质量体系认证等的基本依据。在当今全球化的市场中，欧洲标准已得到了世界的认同。因此，欧盟较完善的法律法规和标准体系使欧盟的食品安全管理取得了较好的效果。

近年来，欧盟不断补充出台相关食品法规，完善食品安全法律体系。主要涉及以下几个方面：

（1）食品及饲料安全。欧盟 2006 年颁布了《欧盟食品及饲料安全管理法规》，以提高欧盟对食品及饲料的监督管理能力，为欧盟消费者提供更加安全的食品。这一法规简化并加强了欧盟监管体系并赋予欧委会全新的管理手段，以保障欧盟实行更高的食品安全标准。新法赋予欧委会采取临时强制性措施的权力，以保护人民健康、动物卫生及生存环境。该法案特别要求第三国输欧食品必须符合欧盟相关标准。

（2）添加剂、调料及经放射线照射的食品安全。相关添加剂、调料必须符合欧盟标准，包括其所含的着色剂、增甜剂等添加剂。欧盟还建立了经放射线照射的食品目录，并加强了对天然矿泉水构成成分的检查。

（3）欧盟食品快速预警系统（RASSF）。该预警系统的建立为欧盟成员国提供了有效的交流途径。任何一个成员国发现任何与食品及饲料安全有关的信息都可上报欧委会，欧委会在进行相关调查后，有权采取紧急措施，包括暂停该类食品进口。该系统定期（每周一期）发布预警及信息通报，将不符合欧盟标准的相关食品公布于世。预警范围包括来自欧盟成员国及非欧盟国家的各类食品。

（4）针对非欧盟成员国的规定。欧盟声明尊重在 WTO 框架下签订的《动植物卫生和检疫措施协议》及《贸易技术壁垒协议》。但如果国际标准与欧盟标准相比不能提供高标准人类健康保证，则国际标准只作参考。非欧盟国家输欧食品必须遵守欧盟颁布的相关法规。

欧盟较完善的法律体系内容涵盖农产品的生产和食品加工。这一法律体系在过去的三十年间不断的演进，反映出科学、社会、政治和经济力量的共同作用，尤其是欧盟内部市场的建立对其影响很大。欧盟现有关于农产品（食品）质量安全方面的法律 20 多个，具体包括：《通用食品法》《食品卫生法》，动物饲料法规以及添加剂、调料、包装和放射线食物的保存方法规范等。按照 178 号条例的基本要求，欧盟制定了一系列食品安全规范要求，并通常以指令或决议的形式在欧盟官方公报上发布。欧盟的标准体系分为两层：上层为欧盟指令，下层为包含具体技术内容的可自愿选择的技术标准。目前，欧盟拥有技术标准 10 万多个，其中 1/4 涉及农产品，制定农药残留限量标准 17 000 多项。欧盟的食品法规建立在欧共体协定的不同条款之上：第 95 条是有关内部市场的功能和完善措施的规定（作为消费者高标准健康保护的基础）；第 152 条是有关兽医和生理卫生领域内以保护公众健康为主要目标的措施；第 153 条与消费者保护有关；而第 37 条则主要涉及农业方面的问题。采取的措施则是在依据法律的基础上，由欧盟理事会和欧盟议会共同决定，或是由欧盟委员会提出提案，经由欧盟议会协商后做出决定。

欧盟委员会在 2000 年 1 月发表了《食品安全白皮书》。白皮书是欧盟和各成员国制定食品安全管理措施以及建立欧洲食品安全管理机构的核心指令，它奠定了欧盟食品安全体系实现高度统一的基础。欧盟食品安全白皮书提出了完善欧盟"从农田到餐桌"一系列食品安全保证措施的改革计划，内容包括食品安全原则、食品安全政策体系、欧盟食品安全专项管理机构、食品法规框架、食品管理体制、消费者与食品安全的国际合作等，并从 22 个方面［包括首选措施、饲料、寄生物病、动物健康、动物福利、疯牛病（BSE）、卫生、残留物、食品添加剂和调味料、与食品有关的材料、新型食品、转基因食品、辐射性食品、食疗食品、食品补充物、强化食品、食品标签、营养、种子、支持措施、第三方国家政策、国际关系］提出了 84

条保障食品安全的基础措施。

同时，按照白皮书的决议，2002 年 1 月 28 日欧盟理事会和欧洲议会发布了 178/2002 号条例，并建立了欧洲食品安全管理局（EFSA）。178/2002 号条例旨在协调各成员国在食品立法、农业政策以及内部市场发展存在的不同政策目标，建立了食品和食品安全的通用定义，规定了食品安全法规的基本原则和要求，确立了处理与食品安全有直接或间接影响事务的一般程序，制定了欧盟食品安全的总体指导原则、方针和目标，为未来制定欧洲食品法提供法律基础。欧盟 178/2002 号条例扩充了食品及食品安全涵盖的范围，其对"食品"的定义是："任何物质或产品，经过整体的加工，或局部的加工或未加工，能够作为或可能预期被人所摄取的产品。"所以，"食品"包括饮料、口胶糖和其他任何用来在食品生产、准备和处理中混合的物质（包括水），但不包括饲料、活动物、未收割的作物。不仅涉及食品，还包括各种对食品安全产生直接和间接影响的各种措施，适用于食品的制造、加工和分销等各阶段，但不适用于私人家庭使用或者家庭用于私人家庭消费而准备、控制和储藏的食品。178/2002 号条例的目标有三个：一是维护人类的生命与健康，二是保护消费者权益（包括公平交易），三是促使食品自由流通。为实现此目标，178/2002 号条例主要突出了四项原则：风险评估原则、预警原则、保障消费者权益原则和透明原则。

一、欧盟食品安全法规概述

（一）欧盟食品安全法规简介

欧盟食品法规的主要框架包括"一个路线图，七部法规"。"一个路线图"是指食品安全白皮书；"七部法规"是指在食品安全白皮书公布后制定的有关欧盟食品基本法、食品卫生法以及食品卫生的官方控制等一系列相关法规（具体内容如表 2-1 所示）。

1. 食品安全白皮书

欧盟食品安全白皮书长达 52 页，包括执行摘要和 9 章的内容，用 116 项条款对食品安全问题进行了详细阐述，制订了一套连贯和透明的法规，提高了欧盟食品安全科学咨询体系的能力。白皮书提出了一项根本改革，就是食品法以控制"从农田到餐桌"全过程为基础，包括普通动物饲养、动物健康与保健、污染物和农药残留、新型食品、添加剂、香精、包装、辐射、饲料生产、农场主和食品生产者的责任，以及各种农田控制措施等。同时，它要求各成员国机构加强工作，保证措施能可靠、合适地执行。

2. 食品安全基本法（EC）178/2002 号条例

178/2002 号条例是 2002 年 1 月 28 日颁布的，该条例主要拟订了食品法规的一般原则和要求、成立欧洲食品安全局（EFSA）和拟订食品安全事务的程序，是欧盟的又一个重要法规。178/2002 号法令包含 5 章 65 项条款。范围和定义部分主要阐述法令的目标和范围，界定食品、食品法律、食品商业、饲料、风险、风险分析等 20 多个概念。一般食品法律部分主要规定食品法律的一般原则、透明原则、食品贸易的一般原则、食品法律的一般要求等。EFSA 部分详述其自身的任务和使命、组织机构、操作规程，EFSA 的独立性、透明性、保密性和交流性以及 EFSA 财政条款和 EFSA 其他条款等方面。EFSA 由管理委员会、行政主任、咨询论坛、科学委员会和 8 个专门科学小组组成。快速预警系统、危机管理和紧急事件部分主要阐述了快速预警系统的建立和实施、紧急事件处理方式和危机管理程序。程序和最终条款主要规定委员会的职责、调节程序及一些补充条款。

3. 食品卫生条例（EC）852/2004 号条例

该条例规定了食品企业经营者确保食品卫生的通用规则，主要包括：①企业经营者承担食品安全的主要责任；②从食品的初级生产开始确保食品生产、加工和分销的整体安全；③全面推行危害分析和关键控制点（HACCP）；④建立微生物准则和温度控制要求；⑤确保进口食品符合欧洲标准或与之等效的标准。

4. 动物源性食品特殊卫生规则（EC）853/2004 号条例

该条例规定了动物源性食品的卫生准则，其主要内容包括：①只能用饮用水对动物源性食品进行清洗；②食品生产加工设施必须在欧盟获得批准和注册；③动物源性食品必须加贴识别标识；④只允许从欧盟许可清单所列国家进口动物源性食品等。

5. 人类消费用动物源性食品官方控制组织的特殊规则（EC）854/2004 号条例

该条例规定了对动物源性食品实施官方控制的规则，其主要内容包括：①欧盟成员国官方机构实施食品控制的一般原则；②食品企业注册的批准以及对违法行为的惩罚，如限制或禁止投放市场、限制或禁止进口等；③在附录中分别规定对肉、双壳软体动物、水产品、原乳和乳制品的专用控制措施；④进口程序，如允许进口的第三国或企业清单。

6. 确保对食品饲料法以及动物卫生与动物福利法规遵循情况进行验证的官方控制（EC）882/2004 号条例

882/2004 条例是一部侧重对食品与饲料，动物健康与福利等法律实施监管的条例。它提出了官方监控的两项基本任务，即预防，消除或减少通过直接方式或环境渠道等间接方式对人类与动物造成的安全风险；严格食品和饲料标识管理，保证食品与饲料贸易的公正，保护消费者利益。官方监管的核心工作是检查成员国或第三国是否正确履行了欧盟食品与饲料法，动物健康与福利条例所要求的职责，确保对食品饲料法以及动物卫生与动物福利法规遵循情况进行核实。

7. 关于供人类消费的动物源性产品的生产、加工、销售及引进的动物卫生法规 2002/99/EC 号指令

该指令要求各成员国 2005 年前转换成本国法律。该指令提出了动物源性食品在生产、加工、销售等环节中对动物健康条件的官方要求。指令中还包括了相关的兽医证书要求、兽药使用的官方控制要求、自第三国进口动物源性食品的卫生要求等。

8. 饲料卫生要求（EC）183/2005 号条例

许多食品问题始于被污染的饲料。为了确保饲料和食品的安全，欧盟的第 183/2005 条例对动物饲料的生产、运输、存储和处理做了规定。和食品生产商一样，饲料商应确保投放市场的产品安全、可靠，而且负主要责任，如果违反欧盟法规，饲料生产商应支付损失成本，如产品退货以及饲料的损坏。

表 2-1　　　　　　　　　　食品安全法律体系框架①

	法规和指令		基本内容
基本法	178/2002 号法规		食品安全的基本法律
动物营养	饲料标签	指令 96/25/EC	建立了饲料的销售和标签，饲料只有在"可靠、纯正、有品质保证"的情况下才能投放市场，不能对人类或动物健康以及环境造成任何危害
		指令 98/67/EC	对于 96/25/EC 附件中关于需要进行标签识别的饲料清单进行修正和更新
	生产和进口商的要求	95/69/EC	列出了饲料生产者必须履行的条件。根据危害的可能性和使用物质的不同，生产者需要经过登记，有的需要通过现场检查，以确定组织的条件是否符合本指令，这些条件包括：工具和设备、人员资质、生产过程和质量控制、原料的存储和控制、产品的回收等
		98/51/EC	饲料进口商的要求
		98/728/EC	饲料生产和进口商管理机构的财政控制
		98/92/EC	
动物营养	不受欢迎的物质	2002/32/EC	"不受欢迎的物质"指的是存在于动物饲料中（致病菌除外），对于人类和动物健康、环境有负面影响，但是不影响牲畜生产的物质
		2003/57/EC	2002/32/EC 的修正
		2003/100/EC	
	分析方法	70/373/EEC	建立了饲料食品取样和分析方法的基础框架
	官方控制	95/53/EC	规定了管理动物营养官方机构的工作原则，职责要求
		98/68/EC	标准文件的控制以及从第三国家进口饲料产品的检查要求

① Commission of the European communities, WHITE PAPER ON FOOD SAFETY, Brussels, 12 January 2000. COM（1999）719 final.

表2-1(续)

	法规和指令	基本内容
标签和营养	健康和营养声明 COM（2003）424	委员会 2003 年 7 月 16 日提议，对于食品相关的健康和营养声明进行立法
	营养标签 90/496/EC	基本的营养标签控制
	2003/120/EC	90/496/EC 的修订
	矿泉水 2003/40/EC	规定了天然矿物质水的浓度限制和标签要求，以及使用富集臭氧的空气处理天然矿物质水和泉水的要求
	96/70/EC	规定了天然矿物质水销售和开采的要求
	食品增补剂 2002/46/EC	建立了关于食品增补剂标签的协调规章，并建立了关于食品增补剂中的维生素和矿物质的特殊要求
	食疗食品 89/398/EEC	规定了食疗食品的成分、销售和标签要求，包括保证这些食品的正确使用和排除对人类健康危害的措施
	96/84/EC	
	1999/41/EC	
	2001/15/EC	可以加入食品中作为特殊营养使用的物质名单，其中规定了可以加入婴幼儿食品和断奶期幼儿食品的营养物质
	减肥食品 96/8/EC	用于能量控制或者减肥用食品的控制和标签要求
	2001/15/EC	减肥食品的质量要求
标签和营养	医用食品 1999/21/EC	用于特殊医疗用途食品的组成和标签要求
	2001/15/EC	用于特殊医疗用途食品的原料名单
	运动食品 89/398/EEC	运动员用食品的要求
	糖尿病人食品 89/398/EEC	糖尿病人用食品的要求
生物技术	GM 植物和种子 90/220/EEC	基因改良种子品种的授权
	2001/18/EC	90/220/EEC 的修正
新型食品	258/97 法规	规定了新型食品和新型食品成分的授权
	97/618/EC	准备将新型食品投放欧盟市场的公司必须提交申请，以及所需的科学信息和安全评估
化学品安全	食品添加剂 89/107/EEC	用于人类食用的食品添加剂的授权和使用
	残留 法规 2377/90	为了保证对消费者最高水平的保护，共同体立法要求潜在残留的毒性应当在物质得到授权之前进行评估，如果必要的话建立最高残留限量（MRLs），同时如果必要的时候限制某些物质的使用。2377/90 法规建立了评估程序
	荷尔蒙 2003/74/EC	禁止荷尔蒙类物质用于牧场养殖中的生长促进剂
	2001/82/EC	兽医药用产品的市场授权要求

表2-1(续)

	法规和指令		基本内容
生物安全	BSE/TSE	法规 999/2001	建立关于 BSE 行动的法律基础
	动物副产品	法规 1774/2002	非人类食用的动物副产品的要求，该法规是自从 2000 年采纳的 TSE 法规以来，对于食品安全白皮书的第二项主要行动。是欧盟处理和根除食品源性疾病，例如 BSE、口蹄疫、猪瘟和二氧（杂）芑污染的重要战略
	沙门氏菌/食媒疾病	法规 2160/2003	关于沙门氏菌和其他由于食品污染引起疾病的控制
		2003/99/EC	对于动物寄生疾病的监控。修正理事会指令 90/424/EEC、废除理事会指令 92/117/EEC

(二) 欧盟食品安全法律的原则

1. "从农田到餐桌"全过程控制原则

食品安全法律应该覆盖食品"从农田到餐桌"的食品链的所有方面，包括化肥、农药、饲料的生产与使用；农产品的生产、加工、包装、储藏和运输；与食品接触工具或容器的卫生性；操作人员的健康与卫生要求；食品标签提供信息的充分性和真实性以及消费者的正确使用等。由于涉及的面比较广泛，食品安全法律体系非常庞大和复杂。但整个食品法律体系应该是统一并相互补充的。整个食品管理过程涉及中央和地方机构、卫生专家、学校和大学、生产者、包装者、运输者、零售商、消费者组织以及消费者自身，因此食品安全法律的实施需要多部门的共同努力和通力合作。

2. 危险性分析原则

食品安全法律应该是以科学性的危险分析为基础的。危险分析是由三个相互关联的因素，危险评估、危险管理、危险沟通构成。危险性评估是指食源性危害（包括化学的、生物的、物理的）对人体产生的已知的或潜在的对健康有不良作用可能性的科学评估。危险性评估由以下步骤组成：危害识别、危害特征描述、摄入量评估、危险性特征描述。危险性管理则是根据危险性评估的结果由管理者权衡可接受的、减少的或降低的危险性，并选择和实施适当措施的管理过程。目前，各国广泛推行的 HACCP 体系实现了危险的过程控制，预防危险发生。危险沟通包含两层含义：一是有效的信息交流，二是管理过程的透明性。有效的信息交流有助于帮助消费者形成和增强食品安全意识和行为，促进公共和私有部门与众多关心食品安全的利益相关者之间的联系和合作，并为中央和地方的管理者、食品企业、农民等提供所需的信息、教育和培训。

3. 预防性原则

作为 1992 年《里约宣言》的原则之一，预防性原则最早使用是在环境保护方面。《里约宣言》这样规定："当面临着严重或不可逆转的破坏时，缺乏科学的确定性不能成为延迟使用有效的措施阻止环境恶化的理由。"预防原则在食品安全方面的使用，并未真正达成共识。国际食品法典委员会、欧盟及日本已经明确其作为食品安全规制的原则，而美国尚有异议，他们担心这一原则会被滥用成一种非关税贸易壁垒。预防性原则与风险原则有一定的联系。由于存在科学的不确定性，对于一些新产品和技术的安全性不能确定，因此食品安全法律应该有选择性地采取预防原则，特别是转基因食品和从未食用过的新型食品。预防原则适用于，当危险管理者确定了危及健康的合理依据，但支持的信息及数据不足以做出全面危险评估。在这类情形下，决策者或危险管理者可基于预防原则寻找更多详细的专业及相关数据，以采取措施或行动来保证健康安全。但预防原则必须伴随着进一步寻找科学的确定性，并在新证据的基础上重新评价其安全性。同时，在法律上还应实行市场准入制度，要求所有新产品、项目和技术必须提供充分的证据证明其安全性后才能上市。

4. 食品供应者负主要责任原则

法律应规定食品生产者和加工者等应该对食品安全承担最主要的责任。他们应该通过自检和现代化的危害控制技术来保证食品的安全性，而当食品危害发生时，他们应承担相应的法律责任。目前对食品安全产品责任的立法主要分为两种：一是以美国、德国为代表的少数国家实行严格的责任原则；二是以日本、大部分欧盟成员国为代表的基于过错的责任原则。在严格产品责任原则下，食品的生产者必须对食品的危害承担完全的责任，除非现在的科学技术还不能证明产品的危害性存在；而在基于过错的责任原则下，食品生产者对食品危害承担责任是以生产者的过错或过失为基础的。

5. 透明性原则

透明性有三层含义：一是指消费者的知情权，即消费者有权获得清晰的食品质量、构成成分、营养物质含量、营养物质功用以及如何合理均衡膳食等方面的信息，这样消费者才能做出完全信息条件下的选择；二是指法规的修订与执行应在公开、透明、互动的方式下进行。消费者拥有获得政府立法和管理的信息的权利，并能够通过正规的渠道提出自己的意见；三是指当食品危害发生时，政府应及时向消费者发布警告信息。

6. 可追溯性和食品召回原则

可追溯性可有效地确保食品安全。信息可追溯性是指通过记录的标记，对某个事物或某项活动的历史情况、应用情况或事物所处的位置进行追溯的能力。食品的可追溯性是指食品和原料在商业中流通应保有它们的溯源，在需要的情况下，还可为有资格的机构提供溯源相关信息。国际标准化组织于2001年6月专门成立了工作小组，起草《食品和饲料链可追溯系统的设计与开发指南》，该标准旨在为如何建立可追溯系统提供指南和原则，不涉及详细的要求，预计到2005年年底完成。按照《欧盟食品法》的规定，食品、饲料、供食品制造用的家畜，以及与食品、饲料制造相关的物品，在生产、加工、流通各个阶段必须建立食品信息可追踪系统。因此，法律应要求各个阶段的主体标记所生产的产品，并记录食品原料和配料的供应商信息，以保证可以确认以上各种提供物的来源与方向。从而当食品被发现存在危害时，可以及时从市场召回，避免流入市场的缺陷食品对大众的人身安全损害的发生或扩大。这可以通过食品标签、电子标签以及动物身份证等措施实现。

● 二、欧盟食品安全法规的实施

（一）欧盟食品安全法规体系及相关机构

欧盟食品安全体系涉及食品安全法律法规和食品标准两个方面的内容。欧共体指令是欧共体技术法规的一种主要表现形式。1985 年前，欧共体的政策是通过发布欧共体的统一规定（即指令）来协调各国的不同规定，而欧共体指令涉及所有的细节问题，又要得到各成员国的一致同意，所以协调工作进展缓慢。为简化并加快欧洲各国的协调过程，欧共体于 1985 年发布了《关于技术协调和标准化的新方法》（简称《新方法》），改变了以往的做法，只有涉及产品安全、工作安全、人体健康、消费者权益保护的内容时才制定相关的指令。指令中只写出基本要求，具体要求由技术标准规定，这样，就形成了上层为欧共体指令，下层为包含具体要求内容、厂商可自愿选择的技术标准组成的 2 层结构的欧共体指令和技术标准体系。该体系有效地消除了欧共体内部市场的贸易障碍，但欧共体同时规定，属于指令范围内的产品必须满足指令的要求才能在欧共体市场销售，达不到要求的产品不许流通。这一规定对欧共体以外的国家，常常增加了贸易障碍。

上述体系中，与欧共体新方法指令相互联系，依照新方法指令规定的具体要求制定的标准称为协调标准，CEN、CENELEC 和 ETSI 均为协调标准的制定组织。协调标准被给予与其他欧洲标准统一的标准编号。因此，从标准编号等表面特征看，协调标准与欧洲标准中的其他标准没有区别，没有被单独列为一类，均为自愿执行的欧洲标准。但协调标准的特殊之处在于，凡是符合协调标准要求的产品可被视为符合欧共体技术法规的基本要求，从而可以在欧共体市场内自由流通。

1. 欧盟食品安全法规机构设置

（1）欧盟食品安全局。

欧盟食品安全局于 2002 年成立。其职能是在欧盟范围内制定科学的食品法规，从根本上保证食品政策的正确性及可实施性。该局相对独立，不受欧盟委员会及各成员国管辖，负责对输欧食品的安全性进行监控、跟踪和分析并提供科学的建议。该机构的建立完善了欧盟的食品安全监控体系，为欧盟对内逐渐统一各种食品安全标准，对外逐步标准化各项管理制度提供了科学依据。

（2）欧盟食品和兽医办公室。

该机构归欧盟委员会管辖，负责监督各成员国执行欧盟相关法规情况及第三国输欧食品安全情况，是欧委会的执行机构。该办公室可用听证会和现场调查的方式对成员国及第三国相关产品甚至整体法规和管理体系进行调查，并将结果和意见报告给欧委会、各成员国及公众。该机构主要职责正在从单一的调查管理转向对成员国食品安全体系做全面的评估。

2. 欧洲食品安全法律法规的制定机构

欧盟委员会和欧共体理事会是欧盟有关食品安全卫生的政府立法构构。其对于食品安全控制方面的职权分得十分明确。

欧盟委员会负责起草与制定与食品质量安全相应的法律法规，如有关食品化学污染和残留的 32002R221-委员会法规 No221/2002；食品安全卫生标准，如体现欧盟食品最高标准的《欧共体食品安全白皮书》；各项委员会指令，如关于农药残留立法相关的委员会指令 2002/63/EC 和 2000 /24/EC。而欧共体理事会同样也负责制定食品卫生规范要求，在欧盟的官方公报上以欧盟指令或决议的形式发布，如有关食品卫生的理事会指令 93/43 /EEC。以上 2 个部门在控制食品链的安全方面只负责立法，而不介入具体的执行工作。

3. 欧洲食品标准的制定机构

欧洲标准（EN）和欧共体各成员国国家标准是欧共体标准体系中的两级标准，其中欧洲标准是欧共体各成员国统一使用的区域级标准，对贸易有重要的作用。欧洲标准由三个欧洲标准化组织制定，分别是欧洲标准化委员会（CEN）、欧洲电工标准化委员会（CENELEC）、欧洲电信标准协会（ETSI）。这 3 个组织都是被欧洲委员会（European Commission）按照 83/189/EEC 指令正式认可的标准化组织，他们分别负责不同领域的标准化工作。CENELEC 负责制定电工、电子方面的标准；ETSI 负责制定电信方面的标准；而 CEN 负责制定除 CENELEC 和 ETSI 负责领域外所有领域的标准。

4. CEN 的食品标准化概况

自 1998 年以来，CEN 致力于食品领域的分析方法，为工业、消费者和欧洲法规制定者提供了有价值的经验。新的欧洲法规为 CEN 提供了更多的支持，CEN 致力于跟踪和实施这些改革方针。截止到 2002 年 12 月底，CEN 已经制定欧洲标准 7 650 个，协调文件 4 个，暂行标准 395 个。

CEN 的技术委员会（CEN/TC）具体负责标准的制、修订工作，各技术委员会的秘书处工作由 CEN 各成员国分别承担。截至 2002 年年底，CEN 共设有 239 个技术委员会。此外，作为一种新推出的形式，CEN 研讨会提供了在标准一致的基础上制定相关规范的新环境，如 CEN 研讨会协议、暂行标准、指南或其他资料。到目前为止，CEN 已经发布了 260 多个欧洲食品标准，主要用于取样和分析方法，这些标准由 7 个技术委员会制定，与果蔬安全有关的技术委员会有：TC174（水果和蔬菜汁-分析方法）、TC194（与食品接触的器具）、TC275（食品分析-协调方法）、TC307（含油种子、蔬菜及动物脂肪和油以及其副产品的取样和分析方法）。

CEN 与 ISO 有密切的合作关系，于 1991 年签订了维也纳协议。维也纳协议是 ISO 和 CEN 间的技术合作协议，主要内容是 CEN 采用 ISO 标准（当某一领域的国际标准存在时，CEN 即将其直接采用为欧洲标准），ISO 参与 CEN 的草案阶段工作（如果某一领域还没有国际标准，则 CEN 先向 ISO 提出制定标准的计划）等。CEN 的目的是尽可能使欧洲标准成为国际标准，以使欧洲标准有更广阔的市场。目前，有 40% 的 CEN 标准也是 ISO 标准。

（三）欧盟食品安全组织结构

欧盟食品安全管理机构如图 2-1 所示。

1. 欧洲议会（European Parliament）

欧洲议会是欧盟的立法、预算、监督和咨询机构，代表各成员国人民的意愿，议会成员由选民直接选举产生，任期 5 年。欧洲议会的主要权利为：部分立法权；预算决定权，与欧盟委员会一起决定欧盟的年度预算；民主监督权等。

2. 欧洲理事会（European Council）

欧洲理事会最高决策机构，也称为"欧盟首脑会议""欧盟高峰会"或"欧洲高峰会"，是由欧盟 28 个成员国的"国家元首"或"政府首脑"与欧洲理事会主席及欧盟委员会主席共同参加的首脑会议，欧盟外交与安全政策高级代表也参与欧洲理事会活动，主要职责是商定欧盟发展方向的重大问题，它是欧盟事实上的"最高决策机构"，欧洲理事会无立法权。

3. 欧盟理事会（Council of the European Union）

欧盟理事会俗称"欧盟部长理事会"，由欧盟各成员国部长组成，又称"部长理事会"，简称"理事会"（the Council），是欧盟的重要决策机构。欧盟理事会负责日常决策并拥有欧盟立法权。

4. 欧盟委员会（European Commission）

这是欧盟的常设执行机构，也是欧盟唯一有权起草法令的机构（除条约规定的特殊情况外）。根据《里斯本条约》从 2014 年起，欧盟委员会的委员人数从 29 名减至 18 名。欧委会主席人选由欧洲理事会一致同意提出，经欧洲议会表决批准。欧委会成员由欧洲理事会指定并经委员会主席同意，再经欧洲议会表决并批准授权后才可就职。欧委会的具体工作由总司承担。

（1）健康与消费者保护总司（DG SANCO）。

DG SANCO 是欧洲委员会负责食品安全管理工作的直属机构。250 位职员在布鲁塞尔工作，使欧盟食品安全方面的法律及时更新。

该机构的主要职责包括："从农场到餐桌"食品链全过程的管理；生物和化学风险的管理；残留、食品饲料添加剂、接触材料；植物健康和植物保护产品；动物健康和福利、动物饲料安全；食品标签；成员国和第三国食品法规的检查和监控；

快速预警系统和风险管理以及代表欧盟履行国际卫生和食品安全事务等。

（2）食品兽医办公室（FVO）。

食品兽医办公室（FVO）隶属于 DG SANCO，总部设在爱尔兰都柏林，设6个科，由检查员参加现场核查任务。FVO 的主要职责是监控成员国和第三国是否遵守欧盟的兽医、植物卫生和食品卫生法律，通过检查确定整个生产链是否符合欧盟食品安全和卫生立法，向利益相关者通报评估的结果，进而提高食品安全和质量，从而对兽医和植物健康部门起到监控的作用。FVO 的核查范围包括：检查成员国动物源性食品的监控系统，化学品使用（兽药、生长激素、农药）和进口产品；流行病（如猪瘟）；动物运输、屠宰等；水果和蔬菜的农药残留，GMO 等。

5. 欧洲食品安全局（European Food Safety Authority，EFSA）

欧盟食品安全局是一个独立的法定机构，不隶属欧盟的任何其他机构，行政主任只对管理委员会负责。作为独立法人实体，它由欧共体全额资助，运作独立于欧盟各部门以及各成员国管理当局。欧盟成员国和应用欧盟食品安全法的其他国家都可以加入。现有员工150余人，其中50人在总部意大利帕尔马工作。欧盟食品安全局不具备制定规章制度的权限，但负责监视整个食物链，根据科学证据做出风险评估，为欧盟制定法规提供信息依据。

6. 欧盟食物链和动物健康常务委员会

欧盟食物链和动物健康常务委员会的主要任务是帮助欧委会制定食品安全措施。

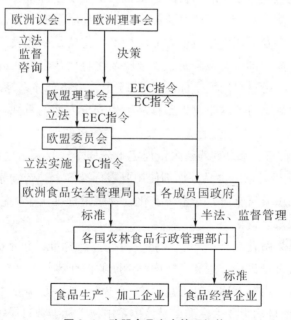

图2-1 欧盟食品安全管理机构

（四）欧盟果蔬食品安全标准体系及特点

欧盟已经建立了一套比较完善的技术法规和标准体系，该体系以深入食品生产全过程的法律法规为主，辅之以严密的食品标准，具有强制性、实用性和修订及时的特点。欧盟委员会制定的有关果蔬食品安全方面的法规数量较多，贯穿于整个标准体系的每一个部分，由于技术法规具有立法性，在保证产品的安全性及环保要求方面具有强制性和权威性，因此技术法规是对企业行为起到指引作用的一个主要的法律规范。欧盟技术标准是为了通用或反复使用。尽管从理论上讲，技术标准本身不具备强制执行的性质，但一旦与技术法规相配套而成为市场准入的必备条件后，其强制性质也就不言而喻了。另外，根据体系统计表的发布年代分析，欧盟现行的果蔬标准绝大部分是20世纪90年代以后制定和修订的，其中修订的标准是欧盟根据果蔬食品安全要求的提高，对原标准做出部分修改，所以原标准中未修改的部分仍有效，应保留。

整个体系的标准总数共128个，其中技术法规包括强制执行的果蔬食品卫生标准、果蔬食品试验、检验、检疫方法标准，果蔬食品安全控制与管理技术标准，果蔬食品包装标签、标识标准，特定食品产品标准和其他标准6个部分的内容，共48个，占整个体系标准总数的37.5%。技术标准包括果蔬食品理化检验方法标准、与食品接触材料卫生检验方法标准和食品加工机械卫生安全标准三个部分，共80个，占整个体系标准总数的62.5%，略高于技术法规的数量。

第一个部分是涉及果蔬食品卫生方面的标准，主要是果蔬食品中农药残留、微生物、生物毒素、添加剂、有害金属、非金属及化合物几个方面的有毒有害物质的限量标准和与食品接触材料的卫生标准，共25个，占整个体系标准总数的19.5%，这部分均为技术法规，可见欧盟对果蔬食品卫生安全方面的重视。其中，果蔬食品中农药残留限量标准12个，它是技术法规中数目较多的部分，占整个体系标准总数的9.4%，法规中农药、杀虫剂残留限量规定十分详尽，收录了大约40种果蔬中的78种农药的残留限量要求。食品添加剂使用要求标准5个，与食品接触材料卫生标准7个，果蔬食品中有害金属、非金属及化合物限量标准1个，它规定了食品中某些污染物的最大限量。

第二个部分是果蔬食品、试验、检验、检疫方法标准，包括微生物检验方法、理化检验方法、毒理学评价方法和食物中毒诊断的标准等共77个，是6个部分中标准数量最多的部分，占整个体系标准总数的60.2%。这一部分技术标准居多，理化检验方法标准59个且均为技术标准，是该体系中技术标准数目最多的部分，占整个体系标准总数的46.1%，其中果汁和蔬菜汁理化测定方法较全，共32个占整个体系标准总数的25%，农残检测方法3个，黄曲霉素测定方法（EN12955-1999）1个，有害金属、非金属及化合物测定方法12个。与食品接触材料卫生检验方法标准18

个，占整个体系标准总数的 14.1%，其中技术法规 3 个，技术标准 15 个。突出反映了欧盟对果蔬食品中有毒有害物质和与食品接触的材料不仅制定了强制性的法规，而且提供了相应的检测方法。

第三个部分是果蔬食品安全控制与管理技术标准，共 4 个，且均为加工和销售方面的技术法规，可见欧盟十分重视对食品加工过程和销售过程的要求。

第四个部分是果蔬食品包装标签、标识标准，不包括包装产品标准，它是技术法规中数目最多的部分，共 13 个，且均为法规，占整个体系标准总数的 10.2%，表明欧盟注重食品标签部分的法规制定，这部分内容对维护消费者利益方面十分重要。

第五个部分的特定食品产品标准中只有特殊膳食品法规 1 个，为 89/389/EEC，是欧盟关于统一各成员国有关特殊营养用途食品法律的理事会指令。

第六个部分是上述 5 个部分中未包括的其他食品安全标准，共 8 个，其中 93/43/EEC 是有关食品卫生的理事会指令；2001/449/EC 是关于制定水果、蔬菜加工产品有关理事会指令，属技术法规；其余 6 个均是食品加工机械的安全和卫生要求，属技术标准，突出显示了欧盟对食品加工机械卫生要求的重视。

（五）欧盟果蔬食品安全标准化动态与趋势分析

在过去的 27 年里，欧盟各国均采用本国国家层面批准的规定，影响了欧盟范围内的食品安全流通。2002 年欧盟食品安全局的建立，进一步明确了欧盟委员会将要在整个欧盟实施的食品安全法规的指导原则和目标，意味着欧盟从 1997 年开始酝酿的加强欧盟食品安全法的活动有了新结果，也标志着欧盟食品安全法的立法和监督体系将进入一个大量增加立法的新时期。为保护消费者利益，欧盟将进一步制定一个统一的框架规定，并且更加注重对食品安全和卫生方面的要求。

由于农药和杀虫剂的使用管理缺乏协调，2004 年年底欧盟委员会通过了一项在欧盟范围内对植物源和动物源产品中的农药残留允许最高含量的统一化的建议，该建议使得现行的规定趋于一致和简便化了。在指令草案生效的过程中，对农药全部的最高含量在短暂的"启动期"后将得到统一，并且今后只能在欧洲的层面上加以确定。同年年底，欧洲议会和欧盟理事会通过了欧盟关于统一限定动植物产品中杀虫剂最高残留量的修改法规。新法规中增加的主要内容之一是对同类杀虫剂使用累积残留做出了明确规定，即不但要求对某一种杀虫剂残留进行限量，而且要对同一产品中同类杀虫剂的残留进行累积限量。新法规不但可以加强在该领域的统一管理，也将促进欧盟范围内的食品流通。

为保证消费者买到放心食品，欧盟还改进了一些食品的标签内容，使之更加全面。消费者从标签上便可对所购食品的来源及加工过程一目了然。如 2002 年开始执行的牛肉标签新规定，就要求包括牛的出生地、育肥地、个体号（表明肉类产品与家畜个体间的联系）、屠宰地和分割地等情况。在食品添加剂的使用上，欧盟也正在酝酿修订新规则，以降低硝酸盐和亚硝酸盐的含量，减少肉类食品中的致癌物。欧盟科技人员经过长期跟踪研究，正在酝酿统一限定食品中的多环芳香烃含量，以减少食物中的致癌因素，改变目前成员国各自为政的局面。此外，用于食品凝胶成形的添加剂也将在欧盟内进一步受到限制。目前，欧洲食品安全局下属的营养产品、营养及致敏科学组通过一项规定，要求必须在食品标签上列明该食品所含各类致敏物。

欧盟近年在食品安全方面的措施更是无所不包。欧盟食品安全局成立时间虽不长，但已成为欧盟内最有实力的机构之一。欧盟最新出台的 6 类规定，对食品生产厂家的生产、投放市场的卫生条件、厂库设备条件、工作人员的健康及着装、食品加工与包装、保鲜与运输及产品卫生的监控等各个环节，都提出了十分严格的要求。综上所述，欧盟近几年将进一步统一规定，加强食品卫生安全管理。

 ## 三、欧盟最新食品安全法规

（一）欧盟法规概述

1. 条约

基于欧盟宪法性条约的规定和欧共体法院的判例法，欧盟对外缔结国际条约。欧盟与第三国缔结的国际协定直接构成欧盟法的一部分，不需要任何转化程序，对欧盟机构和成员国均有约束力；在欧盟法律渊源的等级体系中，国际协定介于宪法性条约与欧盟自主立法之间。

2. 欧盟自主性立法

欧盟机构依据欧盟宪法性条约的授权，为实施宪法性条约的目的，按照宪法性条约所规定的决策程序独立制定各项法律，其形式包括法规、指令、决定等。

3. 法规（regulation）

由理事会和议会联合批准或者由委员会单独批准。根据《欧盟运行条约》第288 条的规定，条例具有普遍适用性，完全直接地适用于所有成员国。"普遍适用性" 是指法规适用于欧盟所有成员及所有公民，该特征使法规与另一种立法文件——决议相区别；"直接使用性"指法规一经制定，则成为各成员国法律的一部分，不需要也不允许各成员国立法机构转化为国内法，这一特征是法规与另一种立法文件——指令相区别的标志。

4. 指令（directive）

由理事会和议会联合批准或者由委员会单独批准。根据《欧盟运行条约》第288 条的规定，指令只对其所发至的成员国具有约束力，并且仅要求接受国达到规定的目标即可，这些成员的国家机关对于实现目标的方式和方法具有选择权。指令不具有直接适用性，需要成员国将其转化为国内法律。每个指令均会规定成员国采纳的最后期限。

4. 决议（decision）

是由理事会与议会共同批准或者由理事会、委员会单独批准的对特定对象具有直接全面约束力的一类法律文件。根据欧共体条约第 249 条的规定，它对规定的接受者具有直接拘束力，它的发出对象可以是成员国，也可以是自然人或法人。

6. 建议（recommendation）和意见（opinion）

仅是欧盟委员会或理事会就某个问题提出的看法，仅作为欧盟立法趋势和政策导向，供成员国参考，不具有法律强制力。

7. 欧盟法规的特点

欧盟法规制定后一般都在《欧盟官方公报》上发布，无约定生效期的一般在公布后 20 日生效。欧盟一般每个工作日都出台至少一期《欧盟官方公报》，一般每一期的公报上都可能会登载欧盟新制定发布的法规，所以欧盟法规众多，应对起来确实不易。《欧盟官方公报》电子版可检索到 1952 年出版发布的期刊。

一般地讲，之前的欧盟法规体系中指令多、法规少，但近来法规越来越多、指令越来越少，这也说明欧盟一体会进程加快，欧盟法规执行的统一性、高效性不断提高。

欧盟食品安全法规体系，涵盖食品从种养殖操作规范、动植物疫病控制、动物福利保护、加工卫生控制、残留物和污染物控制、微生物监控、动植物疫病监测以及食品证书控制等各环节，法规体系较为完善。

（二）欧盟食品加工卫生法规概述

1. 欧盟 852/2004 法规：关于食品卫生（包括动植物源性食品）的法规

该法规明确了政府、食品企业与主管部门的关系，即政府负责制定食品安全的法律法规和标准，食品企业按照法律法规和标准的要求进行生产、加工、运输、储运、销售等运营活动，主管部门负责监督食品企业是否按照法律法规和标准的要求进行生产、加工、运输、储运、销售等运营活动。

（1）食品运营商要确保在生产、加工和销售的所有阶段，食品都满足所规定的相关卫生要求。

（2）食品企业要建立、实施、运行 HACCP 程序。

（3）运营企业要按照法律法规和标准的要求对生产、加工、运输、储运、销售等运营活动进行控制，企业要获得主管部门的登记注册。

（4）规定了食品企业的一般卫生要求：包括食品建筑物（规划、设计、建设、选址，排水、洗手、通风、卫生间、车间照明、更衣设施、清洁剂、消毒剂）；设施设备、处理加工卫生要求；运输要求；食品废料；水供应；内外包装规定；热处理；培训等。

2. 欧盟 210/2013 法规：规定了根据 852/2004 法规批准豆芽菜生产厂的卫生要求

（1）设计和布局：应符合良好卫生操作要求。食品接触面应完好，易清洗，易消毒。

（2）充足设施：对工作用具和设备进行清洗、消毒和存储，能提供充足的冷热水。

（3）应提供充足的设备：清洗食物的每一水槽应有充足的饮用水，且应保持干净，必要时，应进行消毒。

（4）与种子和豆芽菜接触的所有设备：应由特定材料铸造，且保持良好秩序、维修和良好状态，确保设备干净，易消毒。

（5）豆芽菜生产厂应制定操作规程，确保：（a）豆芽菜生产厂卫生，必要时，进行消毒；（b）对种子和豆芽菜接触的所有设备，进行清洗、消毒。

3. 欧盟 853/2004 法规：对动物源产品的卫生规定（包括肉类、贝类、水产品、奶制品、其他）

（1）动物源性食品要确保其可追溯性，保证食品能从成品追溯到所用的原料、辅料。

（2）动物源性食品总要求：

A、食品要有明确的身份标识；

B、食品企业要建立运行 HACCP 计划；

C、特殊要求：动物运输到屠宰场的过程中，要保障待宰动物的福利要求；

D、屠宰前：动物屠宰前要使动物得到充分的休息，要保障动物福利。

（3）动物源性食品企业要符合 852/2004、853/2004 法规规定的条件，获得主管当局的注册、认可。

（4）动物屠宰与分割操作要满足规定的卫生要求。包括：严格执行卫生操作，避免交叉污染；严格对温度、环境、人员卫生操作扡更要求；由官方兽医服饰实施宰前检验。

4. 欧盟 854/2004 法规：对供人类消费的动源性产品进行官方控制的规定

（1）明确了主管当局对动物源性食品生产企业在生产加工食品过程中的官方监管的内容。

（2）对从第三国进口动物源性食品的监管：首先第三国和（或）部分地区的食品安全管理体系要获得欧盟的许可；其次，第三国和（或）部分地区的主管当局批准注册的企业由第三国中央当局按照欧盟法规要求推荐到欧盟，欧盟 FVO 审核后获得欧盟批准注册。

（3）获得欧盟批准注册的第三国和（或）部分地区的动物源性食品企业名单获得欧盟注册后，在欧盟官方网站上登载。

（4）规定了对屠宰企业实施宰前宰后检验的"官方兽医""辅助官员"的职责、资格与考试要求。其具体包括执行宰前检验、宰后检验、实验室检测、加盖卫生标识等。

（5）对家禽和兔类动物肉类生产企业：宰后检验不必为官方兽医执行和实施，可以是官方兽医助手或经过培训的企业兽医。

（6）规定了双壳贝类产品的卫生要求：将养殖捕捞海域分为生产区（A类区——直接食用，B类区——需要经过净化或暂养，C类区——长时间暂养，并且要达到一定的规定条件）、暂养区分级。同时要对生产区、暂养区按照规定好的频率进行监控。

（7）水产品：规定了对水产品生产船只、陆地加工厂、卸货区域等实施官方控制的要求。要对水产品实施感官检验，要对水产品鲜度指标、组胺、微生物、残留物和污染物、寄生虫等进行监控检验。

（8）原奶和奶制品：原奶和奶制品加工厂要接受官方检查。对原奶收购要控制：通过检查细菌总数、体细胞数量，控制原奶质量。

5. 欧盟 2074/2005 法规：对 852/2004 法规制定豁免措施，修订 853/2004、854/2004 法规

6. 欧盟 2075/2005 法规：对肉中旋毛虫官方监控的特殊规定

规定了对检测旋毛虫的检测方法、检测人员资质、培训、肉品留厂、无旋毛虫检测程序等要求。

7. 欧盟 2076/2005 法规：实施 853/2004、854/2004、882/2004 过渡安排及修订 853/2004 和 854/2004

8. 欧盟 1244/2007 法规：补充 2074/2005 法规，制定对肉品检验官方控制特殊规则

（1）对不连续屠宰企业的宰后检验：

企业须有充分的仓储设施，对被怀疑的肉品可以暂存在特定存储库等待官方兽医检验；官方兽医至少每天在企业检验 1 次；官方部门要定期评估官方兽医助手的工作。对这样的不连续屠宰企业的宰后检验，可完全由官方兽医助手执行。

（2）宰后检验不切开，感观检查（牛羊、猪）：

动物是一体化养殖，官方定期对动物进行血清学或微生物学检测，结果应呈阴性。对这样的动物，屠宰后可不切开内脏实施宰后检验，而仅通过感官检验来完成。

（3）一体化生产系统条件：

养殖过程中，饲料统一提供，养殖动物全进全出，养殖场封闭、员工封闭。

9. 欧盟 98/83 指令：拟用于人类消费的水的质量

（1）设定了水的质量参数，各成员国可根据本指令设定不低于本指令要求的参数。

（2）各成员国应建立监测制度，对水质进行定期检测；抽取应代表全年的水的

质量的水样。

（3）对水质检测应有最低的检测频率。

（4）分析水质检测的实验室应建立有效的质量保证体系，并可随时接受官方检查。

（三）欧盟药物残留监控法规概述

1. 残留物监控管理

（1）欧盟 96/22/EC 指令：禁止在畜牧业使用某些具有激素或甲状腺拮抗作用和 β-受体激动剂的物质。

禁止销售反二苯代乙烯及其衍生物、盐和酯以及甲状腺类物质。

禁止销售：在供人类食用动物使用 B-促生长素、甲状腺素、雌激素、雄激素或孕激素；对使用了这些药物的动物禁止销售。

禁止销售已使用上述药物的肉品、水产品以及其加工制成品。

（2）欧盟 96/23/EC 指令：关于某些物质及其在动物体内和动物制品中残留的监控措施。

国家要建立动物源性食品中的残留物监控计划：每年 3 月 31 日向欧盟提交下年度监控计划和上年度的残留物监控报告。

动物源性食品经营者的义务：要按照药物要求使用药物。

官方监管部门的职责：①对药品的生产、储存、运输、分销、使用进行检查；②对饲料生产和分销进行检查；③检查不预先通知；④怀疑非法使用药物时，对饲养场进行检查，养殖场和兽医应给予协助；⑤抽样养殖场所用饲料、饮用水、动物。

国家应建立残留物监控基准实验室和日常检测实验室。

对残留物实施监控的物质分类：A 具有合成作用或违禁物质，B 许可兽药和环境污染物。

监控不同物质要对不同动物实施不同监控。抽样可以覆盖养殖场、屠宰场、奶牛场、水产加工厂、蛋厂等。

抽样数量和频率：对 A 类物质实施抽样监控时，要根据不同动物品种，根据上年的屠宰量，按养殖场、屠宰场分别设定需要抽样的比例。对 B 类物质中的每一组药物，按屠宰场分别设定抽取样品的数量进行取样。

2. 取样与分析控制

（1）欧盟 97/747 决议：规定了部分动物源性产品中某些物质和残留监控的取样水平和频率，规定了奶、蛋、兔肉及野味肉、人工饲养野味肉及蜂蜜等产品中残留物质和残留监控的取样水平和频率。

（2）欧盟 98/179 决议：规定了活动物和产品残留物官方取样细则，规定了官方取样程序及官方样品送样前处理的规定。

（3）欧盟 2002/63 决议：规定了动、植物源性产品农药残留官方控制的取样方法，规定了水果、蔬菜及动物源性产品农药残留限量取样方法。

（4）欧盟 401/2006 决议：规定了食品中真菌毒素水平取样和分析方法，包括附件 1 抽样方法和附件 2 样品制备和分析方法。

（5）欧盟 1882/2006 法规：规定了食品中亚硝酸盐水平取样和分析方法，包括取样、样品处理和分析方法、实验室控制要求。

（6）欧盟 33/2007 法规：规定了食品铅，镉，汞，无机锡，3 - MCPD，苯并（a）芘取样和分析方法。

（7）欧盟 252/2012 法规：规定了食品中二噁英、类二噁英多氯联苯和非二噁英类多氯联苯含量官方采样和分析方法，废除法规 1883/2006（食品二噁英和多氯联苯取样、分析方法），包括二噁英、类二噁英多氯联苯采样，二噁英、类二噁英多氯联苯样品制备和分析方法要求，非二噁英类多氯联苯样品制备及分析方法要求。

（8）欧盟 2006/794 决议：规定了食品中二噁英、二噁英类多氯联苯和非二噁英类多氯联苯含量的监控要求。

（9）欧盟 901/2009 决议：规定了调整 2010、2011 和 2012 年多年度共同体控制计划以确保动植物源性食品中的农药残留符合最大限量水平并评估消费者摄入食物的农药暴露量。

（10）欧盟 178/2010 决议：规定了对 401/2006（真菌毒素）中关于花生、其他油籽、坚果、杏仁、甘草和植物油内容的修订。

3. 官方残留分析方法技术性能要求

（1）欧盟 2002/657 决议：规定了残留检测实验室分析方法性能指标和结果解释，包括测试指南中记录在案的方法，最好是依据 ISO78-2（6）的方法；符合本决议附录第二部分的规定；已经按照附录第三部分的步骤进行了验证；符合第四条建立的有关的最低要求执行限量（MRPL）。规定了最低要求执行限量、质量控制、结果解释、附录分析方法的执行标准、规则和程序以及定义、方法性能标准和要求、验证等。

（2）欧盟 2003/181 决议：设定了动物源食品中某些残留物质最低要求执行限量，对 2002/657/EC 决议进行增补，如氯霉素最低要求执行限量（MRPL）为 0.3 μg/kg，甲羟孕酮乙酸酯 MRPL 为 1 μg/kg，硝基呋喃代谢产物 MRPL 为 1μg/kg。

（3）欧盟 2004/25 决议：对 2002/657/EC 决议的增补 2，将孔雀石绿和隐性孔雀石绿总量 MRPL 设定为 2μg/kg。

（4）SANCO No. 10684/2009：规定了食品和饲料中农药残留分析的方法确认和质量控制程序。制定的方法和程序包括：

①确保符合欧盟的成本-效益原则；

②确保分析结果的准确性和可比较性；

③确保得到可接受的准确度；

④确保不出现假阳性或假阴性结果；

⑤与ISO/IEC 17025（认可标准）相一致。

（5）欧盟兽药残留筛选方法验证指南（初始验证和实验室间移植）：补充2002/657/EC决议（2010年1月20日）。该指南规定了：

①筛选方法在起始实验室的初始验证和接受该方法的接受试验室的简化验证；

②初始验证应满足的最低要求（起始实验室）；

③筛选方法能否转移到其他实验室和转移条件的规则；

④简化验证应满足的最低要求（接受实验室）。

4. 执行限量要求

（1）欧盟470/2009法规：规定了动物源性食品中药物有效成分残留限量制定程序，废除2377/90。制定的程序包括：

①风险评估和风险管理；

②分类：（a）最大残留限量；（b）临时最大残留限量；（c）无需制定最大残留限量；（d）禁止使用该物质；

③执法限量；

④附则：规定了检测方法、投放市场、违法后采取的行动。

（2）欧盟37/2010法规：规定了动物源性食品中药物活性物质最高残留限量以及分类，废除2377/90。包括：

A 允许使用药物的限量；

B 禁用物质：未确定MRL。包括：马兜铃植物及其制剂、氯霉素、氯仿、氯丙嗪、秋水仙碱、氨苯砜、二甲硝咪唑、甲硝唑、硝基呋喃、洛硝哒唑。

（3）欧盟396/2005法规：规定动植物源食品和饲料中农药最大残留水平。规定了：

①附录Ⅰ适用于统一MRLs商品名单；

②附录Ⅱ及附录Ⅲ重新制定或修订的最大残留限量；

③附录Ⅳ建立无最大残留水平要求的活性物质的名单；

④MRLs设定程序。

（4）欧盟839/2008决议：修订EC 396/2005附录Ⅱ、Ⅲ和Ⅳ中规定的某些产品中农药最大残留限量。

（5）欧盟2002/32决议：规定了动物饲料中的有害物质限量。

（6）欧盟2006/77决议：修订2002/32/EC指令附件Ⅰ有关动物饲料中有机氯农药的最大残留限量

（7）欧盟1881/2006法规：规定了食品中污染物最高限量。

（8）欧盟105/2010法规：修订法规1881/2006食品中赭曲霉毒素A的最高污染限量。

欧盟目前关于MRLs的主要指令如表2-2所示。

指令号	题目
76/895/EEC	1976 年 11 月 23 日：农药 MRLs—水果和蔬菜
79/700/EEC	1979 年 7 月 27 日建立共同体水果和蔬菜中农药残留官方控制的采样方法
80/428/EEC	1980 年 3 月 28 日修订指令 76/895/EEC 附件 II 中对于水果和蔬菜中农药最大残留限量的规定
81/36/EEC	1982 年 2 月 9 日修订指令 76/895/EEC 附件 II 中对于水果和蔬菜中农药最大残留限量的规定
82/528/EEC	1982 年 7 月 19 日修订指令 76/895/EEC 附件 II 和指令 86/362/EEC 中关于水果、蔬菜和谷类中农药残留最大限量的规定
86/363/EEC	1986 年 7 月 24 日：农药 MRLs—动物源性产品
86/362/EEC	1986 年 7 月 24 日：农药 MRLs—谷类
88/298/EEC	1998 年 5 月 16 日修订指令 76/895/EEC 附件 II 和指令 86/362/EEC 中关于水果、蔬菜和谷类中农药残留最大限量的规定
89/186/EEC	1989 年 3 月 6 日修订指令 76/895/EEC 附件 II 中对于水果和蔬菜中农药最大残留限量的规定
90/642/EC	1990 年 11 月 27 日：农药 MRLs—植物源性产品
91/414/EEC	1991 年 7 月 15 日关于植物保护产品投放市场的规定
93/57/EEC	1993 年 6 月 29 日修订理事会指令 86/362/EEC 和 86/363/EEC 中关于谷类和动物源性食品中农药残留最大限量的规定
93/58/EEC	1993 年 6 月 29 日修订理事会指令 76/895/EEC 附件 II 中对于水果和蔬菜中农药最大残留限量的规定，以及指令 90/642/EEC 附件 II 中对于植物源性产品（包括水果和蔬菜）农药残留最大限量的规定，并提供建立最大水平的列表
94/29/EC	1994 年 6 月 23 日修订理事会指令 86/362/EEC 和 86/363/EEC 中关于谷类和动物源性食品中农药残留最大限量的规定
94/30/EC	1994 年 6 月 23 日修订理事会指令 90/642/EEC 附件 II 中对于某些植物源性产品（包括蔬菜和水果）中农药残留最大限量的规定，并提供建立最大水平的列表
95/38/EC	1995 年 7 月 17 日修订指令 90/642/EEC 附件 I 和 II 中对于某些植物源性产品（包括蔬菜和水果）中农药残留最大限量的规定，并提供建立最大水平的列表
95/39/EC	1995 年 7 月 17 日修订理事会指令 86/362/EEC 和 86/363/EEC 中关于谷类和动物源性食品中农药残留最大限量的规定
95/61/EC	1995 年 11 月 29 日修订指令 90/642/EEC 附件 II 中对于某些植物源性产品（包括蔬菜和水果）中农药残留最大限量的规定
96/32/EC	1996 年 5 月 21 日修订理事会指令 76/895/EEC 附件 II 中对于水果和蔬菜中农药最大残留限量的规定，以及指令 90/642/EEC 附件 II 中对于植物源性产品（包括水果和蔬菜）农药残留最大限量的规定，并提供建立最大水平的列表

表 2-2　　　　　　　　　　　　欧盟目前关于 MRLs 的主要指令

表2-2(续)

指令号	题目
96/33/EC	1996年5月21日修订理事会指令86/362/EEC和86/363/EEC中关于谷类和动物源性食品中农药残留最大限量的规定
97/41/EC	1997年6月25日修订理事会指令76/895/EEC、86/362/EEC、86/363/EEC和90/642/EEC附件中关于水果和蔬菜、谷类、动物源性产品和某些植物源性产品（特别是水果和蔬菜）中农药最大残留限量的规定
97/822/EC	1997年12月3日委员会提议，关于调整共同体1998年监督计划以保证遵从谷类和其他植物源性产品（包括水果和蔬菜）中农药最大残留留限量的规定
97/71/EC	1997年12月15日修订理事会指令86/362/EEC、86/362/EEC和90/642/EEC附件中对于谷类和某些植物源性产品（包括蔬菜和水果）中农药残留最大限量的规定
98/82/EC	1998年10月27日修订理事会指令86/362/EEC、86/362/EEC和90/642/EEC附件中对于谷类和某些植物源性产品（包括蔬菜和水果）中农药残留最大限量的规定
	1999年3月3日委员会提议，关于调整共同体1999年监督计划以保证遵从谷类和其他植物源性产品（包括水果和蔬菜）中农药最大残留留限量的规定
1999/65/EC	1999年6月24日修订理事会指令86/362/EEC和90/642/EEC附件中对于谷类和某些植物源性产品（包括蔬菜和水果）中农药残留最大限量的规定
1999/71/EC	1999年7月14日修订理事会指令86/362/EEC、86/362/EEC和90/642/EEC附件中对于谷类和某些植物源性产品（包括蔬菜和水果）中农药残留最大限量的规定
2000/43/EC	1999年12月17日关于调整共同体2000年监督计划以保证遵从谷类和其他植物源性产品（包括水果和蔬菜）中农药最大残留留限量的规定
委员会645/2000法规	2000年3月28日针对理事会指令86/362/EEC条款7和理事会指令90/642/EEC条款4建立相应的共同体2000年监控计划以保证在谷类和某些植物源性产品（包括水果和蔬菜）中农药残留最大限量的协调
2000/24/EC	2000年4月28日修订理事会指令76/895/EEC、86/362/EEC、86/363/EEC和90/642/EEC附件中关于水果和蔬菜、谷类、动物源性产品和某些植物源性产品（特别是水果和蔬菜）中农药最大残留限量的规定
2000/48/EC	2000年7月25日修订理事会指令86/362/EEC和90/642/EEC附件中对于谷类和某些植物源性产品（包括蔬菜和水果）中农药残留最大限量的规定
2000/82/EC	2000年12月20日修订理事会指令76/895/EEC、86/362/EEC、86/363/EEC和90/642/EEC附件中关于水果和蔬菜、谷类、动物源性产品和某些植物源性产品（特别是水果和蔬菜）中农药最大残留限量的规定
2001/42/EC	2000年12月22日关于调整共同体2001年监督计划以保证遵从谷类和其他植物源性产品（包括水果和蔬菜）中农药最大残留留限量的规定

表2-2(续)

指令号	题目
2001/35/EC	2001 年 5 月 11 日修订理事会指令 90/642/EEC 附件中对于某些植物源性产品（包括蔬菜和水果）农药残留最大限量的规定
2001/39/EC	2001 年 5 月 23 日修订理事会指令 86/362/EEC、86/363/EEC 和 90/642/EEC 附件中对于谷类、动物源性食品和某些植物源性食品（包括水果和蔬菜）中农药残留最大限量的规定
2001/48/EC	2001 年 6 月 28 日修订理事会指令 86/362/EEC、86/363/EEC 和 90/642/EEC 附件中对于谷类、动物源性食品和某些植物源性食品（包括水果和蔬菜）中农药残留最大限量的规定
2001/57/EC	2001 年 7 月 25 日修订理事会指令 86/362/EEC、86/363/EEC 和 90/642/EEC 附件中对于谷类、动物源性食品和某些植物源性食品（包括水果和蔬菜）中农药残留最大限量的规定
2002/1/EC	2001 年 12 月 27 日关于调整共同体 2002 年监督计划以保证遵从谷类和其他植物源性产品中农药最大残留留限量的规定
2002/5/EC	2002 年 1 月 30 日修订理事会指令 90/642/EEC 附件 Ⅱ 中对于某些植物源性产品（包括蔬菜和水果）农药残留最大限量的规定
2002/23/EC	2002 年 2 月 26 日修订理事会指令 86/362/EEC、86/363/EEC 和 90/642/EEC 附件中对于谷类、动物源性食品和某些植物源性食品（包括水果和蔬菜）中农药残留最大限量的规定
2002/42/EC	2002 年 5 月 17 日修订理事会指令 86/362/EEC、86/363/EEC 和 90/642/EEC 附件中对于谷类、动物源性食品和某些植物源性产品（包括蔬菜和水果）中农药残留（噻草平和达草特）最大限量的规定
2002/63/EC	2002 年 7 月 11 日关于建立植物和动物源性产品中农药残留官方控制的共同体采样方法，废除 79/700/EEC 指令
2002/66/EC	2002 年 7 月 16 日修订理事会指令 76/895/EEC、86/362/EEC、86/363/EEC 和 90/642/EEC 附件中关于水果和蔬菜、谷类、动物源性产品和某些植物源性产品（特别是水果和蔬菜）中农药最大残留限量的规定
2002/71/EC	2002 年 8 月 19 日修订理事会指令 76/895/EEC、86/362/EEC、86/363/EEC 和 90/642/EEC 附件中关于谷类、动物源性食品和植物源性食品（包括水果和蔬菜）中农药残留（安果、乐果、砜吸磷）最大限量的规定
2002/663/EC	2002 年 8 月 19 日关于调整共同体 2003 年监督计划以保证遵从谷类和其他植物源性产品中农药最大残留留限量的规定
2002/76/EC	2002 年 9 月 6 日修订理事会指令 86/362/EEC 和 90/642/EEC 附件中对于谷类和某些植物源性产品（包括蔬菜和水果）中农药残留（甲磺隆）最大限量的规定

表2-2(续)

指令号	题目
2002/79/EC	2002 年 10 月 2 日修订理事会指令 76/895/EEC、86/362/EEC、86/363/EEC 和 90/642/EEC 附件中关于谷类、动物源性食品和植物源性食品(包括水果和蔬菜)中某些农药最大残留限量的规定
2002/97/EC	2002 年 12 月 16 日修订理事会 86/362/EEC、86/363/EEC 和 90/642/EEC 关于谷类、动物源性食品和植物源性食品(包括水果和蔬菜)中某些农药(2,4-D,醚苯磺隆和噻吩磺隆)最大残留限量的规定
2002/100/EC	2002 年 12 月 20 日修订理事会 90/642/EEC 指令中关于嘧菌酯最大残留限量的规定
2003/60/EC	2003 年 6 月 18 日修订理事会指令 76/895/EEC、86/362/EEC、86/363/EEC 和 90/642/EEC 附件中关于谷类、动物源性食品和植物源性食品(包括水果和蔬菜)中某些农药最大残留限量的规定
2003/62/EC	2003 年 6 月 20 日修正理事会指令 86/362/EEC、90/642/EEC 中关于乙唑醇、四螨嗪、myclobutanyl、咪鲜胺最大残留限量
2003/69/EC	2003 年 7 月 11 日修正理事会 90/642/EEC 号指令附件中矮壮素、高效氯氟氰菊酯、醚菌酯、腈嘧菌酯、二硫代氨基甲酸盐最大残留限量
2004/59/EC	2004 年 4 月 23 日关于修订理事会 90/642/EEC 指令中规定的溴螨酯最大残留限量的规定
2004/61/EC	2004 年 4 月 26 日委员会关于修正理事会 86/362/EEC、86/363/EEC 和 90/642/EEC 指令附件中某些欧共体限制使用的农药最大残留限量的规定
2006/59/EC	修订理事会指令 76/895/EEC,86/362/EEC,86/363/EEC 和 90/642/EEC 附件中关于西维因、溴氰菊酯、硫丹、杀螟松、杀扑磷和杀线威的最大残留限量
2007/12/EC	对理事会指令 90/642/EEC 指令附件的修改,修订戊菌唑(penconazole)、苯菌灵(benomyl)、多菌灵(carbendazim)的残留限量

(四) 欧盟食品安全法规最新改革动向

1. 海关法规及贸易政策改革

(1)海关税则改革。欧盟最新的税则改革,于 2013 年推行。其中的核心内容是关税税值计算方式的变化,欧盟将运费当中的安全附加费等纳入征税范围。

(2)优惠原产地规则(普惠制)改革。简化并改革现行普惠制,其中变化最大的内容是:要求出口商必须在欧盟进行注册并自行提供原产地声明,不再承认第三国相关机构开具的原产地证明。

(3)反倾销愈演愈烈。近年来由于全球经济危机影响,欧盟贸易保护主义有所抬头,其中使用反倾销措施的范围已波及食品领域。例如,2008 年年底欧盟先后宣布对中国输欧味精及柠檬酸采取反倾销措施;2009 年年初又针对我国输欧灌装柑橘采取反倾销措施，一年以来对我国相关出口企业造成较大影响。

2. 相关食品安全法规新规定

（1）针对食品标签的新规定。从 2008 年年初开始，欧盟委员会、欧洲议会及欧盟理事会等机构一直在酝酿讨论制定一个适用于欧盟范围内食品标签的法规，目的是使食品标签更简洁的同时，还能提供明确的食品信息，以便消费者做出明智的购买选择。经过长期的争论和多次修改，2010 年 3 月该法规草案终于公布。其主要内容包括：将能量值、脂肪、碳水化合物、糖分及盐等作为强制性信息列于标签上；能量及营养含量应以 100 克或 100 毫升为单位；肉类、家禽、新鲜水果及蔬菜须加贴原产国标签；建议包装上所有字母的字体不小于 3 毫米，以确保其清晰可读性；食品中若含有纳米材料，则必须注明其成分及含量。另外，为使业界有足够的时间来适应新规，实行三年过渡期，于 2013 年正式生效。

（2）欧盟有机食品新规。2007 年 6 月，欧盟出台了针对有机食品的新规，自 2009 年 1 月起生效。该法规定了有机食品生产的目标、原则及通用规则。其主要内容有：只有超过 95% 的成分是有机的食品才能标明"有机（organic）"标识；在有机食品生产中，禁止使用转基因成分（GMO）；非欧盟国家输欧有机产品必须符合欧盟相关法规，如第三国生产条件不能完全适用欧盟的生产和控制规则，则须经过欧盟授权的检测机构认证方可出口欧洲。此外，2010 年 2 月 8 日欧盟委员会宣布，经投票获胜的"欧洲叶"（Euro-LEAF）标志成为欧盟有机产品标识，自 2010 年 7 月 1 日起正式使用。

（3）对食品中黄曲霉毒素、硫、镉、三聚氰胺及尼古丁等有害人体健康物质的限值新规定。近年来，欧盟不断提高对输欧食品安全性的要求，并加大检测力度。例如，2010 年 2 月欧盟发布条例修订食品中黄曲霉素最大限量值，总体上降低了其在各种食品中的含量限值；2010 年 4 月欧盟宣布将食品中三聚氰胺含量由 5mg/kg降至 0.2mg/kg，并加大对输欧乳制品的检测力度。对我国影响尤为严重的是欧盟对野生牛肝菌中尼古丁含量的限值调整，2009 年欧盟加大了对野生牛肝菌中尼古丁含量的检测力度，规定按 0.01mg/Kg 限量值进行判定，造成我输欧牛肝菌贸易实质上停止。此外，欧盟还规定相关输欧风险食品入关 24 小时之前必须向有关部门申报，并提供进口许可证明。入关审查期最长可达 30 天，通过严格检查后方可入关。

（4）转基因产品新规。欧盟非常重视转基因食品的安全性，出于保障公民身体健康的考虑，长期以来并不鼓励生产和进口转基因食品。1998—2002 年欧盟甚至出台了对所有转基因产品的临时禁令。经过多年科学论证，欧盟业界近年来逐渐认可了转基因技术，并批准了转基因玉米、油菜及烟草等作物的种植。同时欧盟还解除了一些转基因产品的进口禁令，2009 年先后批准了加拿大转基因油菜籽及美国转基因玉米的进口。然而欧盟对我国转基因产品的歧视仍未消除，2008 年 4 月起，欧盟要求我国所有输欧大米制品必须接受其认可实验室的检验，并加附未含"BT63"（我国研制的转基因水稻）的卫生证书方可出口欧洲。

● 四、欧盟应对食品安全问题的立法

（一）进口食品：官方控制

　　欧盟食品法的要求同时适用于生产自欧盟和非欧盟国家的产品。然而，针对源于非欧盟国家但进口到欧盟的食品，还有额外的要求（如表 2-3 所示）。针对进口的动物源性食品和饲料，欧盟对进口的动物源性食品和饲料的管制非常严格，主要包括肉类、鱼类、蜂蜜、鸡蛋、牛奶、衍生品和其他相关产品。

　　欧盟食品法令列出了所有应当在边境检查站接受官方控制的动物源性产品目录。为了能够向欧盟出口动物源性食品，非欧盟国家应当向欧盟委员会提交官方申请。如果食品企业从业者在边境检查处没有将其产品提交至官方检查，那么其结果就是非法进口，代价是销毁或者转运这一批货物。

表 2-3　　　　　　　　　　　　欧盟通常所依据的进口要求

进口和进口要求的类型	进口条件	进口控制	应急措施
动物源性食品和饲料	第 97/78 号指令第 7 条（兽医证书）	第 97/78 号指令第 3～21 条，第 882/2004 号法令第 14 条	《通用食品法》第 53 条和第 97/78 号指令第 22 条
非动物源性食品和饲料《卫生证书》		第 882/2004 号法令第 15～17 条	《通用食品法》第 53 条
非动物源性食品和饲料（植物检疫）	第 2000/29 号指令第 13 条（适宜时，植物检疫证书）	第 2000/29 号指令第 12 条和第 13e 条	第 2000/29 号指令第 16 条

（二）食品接触材料：安全要求

　　确保食品安全并不意味着仅仅对食品进行检测，当食品在生产、包装、运输、制备时，每一个与食品接触的材料都应当是安全的。食品包装材料涉及很多的要素，若不符合规定，有害物质极有可能迁移到食品中，其风险可以在整个食品供应链中影响食品的安全。

　　为了采取全面且整合的方式应对食品安全，欧盟食品的有关立法对食品相接触材料做出了规定。食品企业从业者和欧盟食品进口商要求记录有关食品接触材料中化学迁移的毒理和风险评估内容，以及合规声明信息。当那些尚未与食品接触的材料和制品在入市销售时，应当附有适宜的标识信息、可视的正确使用说明详细、欧盟负责人信息等内容（如图 2-1 所示）。

474　2. 标识（第 1935/2004 号法令第 15 条）

那些尚未与食品接触的材料和制品在入市销售时应当附有以下内容：

（1）适宜的标识信息（如与食品接触）或者有以下带有玻璃杯和餐叉的符号；

（2）如果有必要，应当具有可视的有关安全和正确使用的具体说明；

（3）欧盟内负有责任的人员的名字和地址；

图 19－1
食品接触
材料标识

（4）为了确保该材料或制品追溯性的充足标识或识别信息。

这一针对消费者或者食品企业的信息应当说明这些与食品接触的材料和制品的适宜性。在制品自身的性质可以明显说明其与食品接触的使用目的时，如刀叉、葡萄酒杯子，这些标识就不是义务性要求了。针对食品接触材料的标识、广告和说明不得误导消费者

图 2-1　1935/2004 号法令第 15 条对标识的规定

（三）营养政策：日常膳食与公众健康保护

相对而言，营养是欧盟比较新的政策制定领域。在 20 世纪 80 年代后期，公众健康，尤其是其中有关营养的内容逐渐进入了欧盟立法的视野。以世界卫生组织为参照，2007 年 5 月，欧盟委员会发布了有关营养、超重和肥胖相关的疾病问题的白皮书。白皮书第一次指出了共同农业政策在促进公众健康方面的作用，即可以为消费者提供健康的选择。其中所提议的欧洲健康调查项目也能协调和促进与膳食和运动相关联的数据库发展，这些数据可关联身高、体重、健身运动、水果蔬菜的消费、胆固醇水平和高血压等内容。

为了执行欧洲营养政策，第一个主要的规制干预是第 1924/2006 号法令。这一法令的一个核心内容是营养成分表，就食品和饮料中的脂肪、饱和脂肪、反式脂肪、糖和盐做出限量，以便符合这些食品和饮料所做的营养或者健康声明。根据第 1169/2011 号食品信息法令，包装正面的营养标识可以采用基于每日摄取量的标注方法（如图 2-2 所示）。

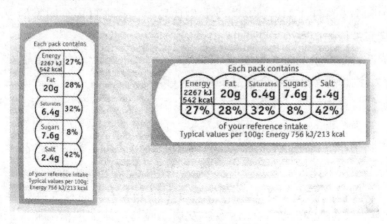

图 2-2　食品包装上的营养标识

第三章　食品安全与国际贸易的相互影响

一、食品安全与国际贸易相互影响

（一）贸易全球化对食品安全的影响

随着全球一体化和国际分工的细化，关于食品安全监管方面的新难点是当前的食品生产已经工业化，其贸易和销售也已经全球化，这些变化使食品面临遭受有害细菌、病毒、寄生虫或化学品污染的新可能。食品生产、销售和消费方面的变化、环境变化、新出现的病原体以及抗微生物药物耐药性等威胁不断涌现，旅行和贸易的增加也提高了污染食品国际传播的可能性。这样将可能使地方性食品安全问题迅速演变成国际突发事件。如果一盘菜或一包食品中含有来自多个国家的原料，则会使食源性疾病疫情的调查工作变得更加复杂。

为了降低食品安全风险，世卫组织推出了一个简单易学的"食品安全五大要点"，指导大家如何降低不安全食品的风险。其具体做法为：①保持清洁；②生熟分开；③确保将食物做熟；④保持食物的安全温度；⑤使用安全的水和原料。

目前，较为严重的食品安全问题仍然集中在非洲、亚洲和南美洲等发展中国家和地区。受制于经济和社会发展水平，这些国家和地区还不能达到食品生产的每一个环节都有卫生安全保证，因此，出现食品安全危机事件的概率较大。世卫组织指出，含有有害细菌、病毒、寄生虫或化学物质的不安全食品可导致腹泻、癌症等200多种疾病。非洲地区肠道食源性疾病发病率最高，其次是东南亚。据统计，食源性和水源性腹泻病每年导致约200万人死亡，其中40%以上是5岁以下的儿童。

第三章　食品安全与国际贸易的相互影响

我国近几年食品安全状况改善非常明显，如我国进一步严格和完善了食品安全法律法规，包括修订国家《食品安全法》，进一步明确政府各部门在食品安全监管工作中的权责。威胁到我国食品安全的主要因素是化肥污染、农药污染和畜牧业的兽药残留物等。农业生产中过量使用或不当使用抗生素也可能导致动物携带耐药性细菌，进而通过食用将耐药菌传给人。为此，世卫组织给中国消费者的建议是，对果类蔬菜和水果要削皮食用，对叶类菜要用清洁的水浸洗。

在全球化趋势下，各国应对整个食物链全程的挑战是一项复杂的任务，不是朝夕之事。我国也正在一步步解决食品安全问题。食品安全带来的挑战不容易应对，其解决也不可能一蹴而就。食品安全已经变成一个需要国际联动的问题。

虽然食品安全问题多发生在一些制度尚不完善的发展中国家，但美国、欧洲和日本的食品安全问题也并未完全消除。

美国农业部网站的统计显示，2013 年美国有 1 750 万家庭（占美国家庭总数14.3%）存在食品不安全问题，其主要的原因是，很多家庭缺少足够的收入来购买品质较高、较为安全的食品，特别是那些低收入家庭、单亲家庭和有残疾人的家庭只能购买廉价低质的食品，从而提高了食品变质风险。美国对这种现象也基本上无能为力，因为这不是食品安全本身的问题，而是更深层的社会问题。美国曾发生过超市袋装菠菜附着大肠杆菌事件。在美国，由于绿叶菜一般用来制作沙拉生吃，此次事件造成 26 个州共 204 人中毒。当时美国食品药品管理局的行动非常及时，勒令超市袋装菠菜全部下架，并对种植菠菜的所有地区进行直接检查，直到两个星期后，新生产的菠菜完全符合卫生标准。从这次事件我们可以看到政府管理部门及时发布信息、采取果断措施以将食品安全风险降到最低程度。

近年来，就连一向被人们称为是食品安全标杆的欧洲也出了问题。2013 年，在欧洲多国超市中发现了以马肉冒充牛肉的"马肉丑闻"，波及国家多达 16 个。塞浦路斯、德国、英国、爱尔兰、波兰和法国的多家企业召回了数以百万计的"牛肉"汉堡。在欧盟国家，马肉的价格只是牛肉的 1/3 左右，有些供应商就以马肉冒充牛肉，来获得更高利润。欧洲消费者组织发言人宝莲娜·康斯坦特对记者表示，"马肉丑闻"经曝光后在欧洲引起了轩然大波，欧洲自认为拥有"世界上最严格的食品安全制度"，然而该起事件不仅暴露出欧洲多国在食品产地的标注和回溯方面还有很大漏洞，更是严重地损害了消费者的信任。受该事件余波影响，欧洲的冷冻肉食品销量至今仍未完全恢复，一些工厂不得不关闭。为此，欧盟正在逐步完善和严格其肉类产品标签管理办法。欧盟针对肉类产品标签的新规定要求绵羊肉、山羊肉、猪肉以及禽肉在制成鲜肉、冷却肉、冷冻肉等肉类产品销售时，必须标注动物饲养地和屠宰地。

日本的食品安全监管非常严密，但近年来也发生了食物中毒致死的事件。2011年 4 月，烤肉连锁店"惠比寿"因出售感染了 O111 型肠出血性大肠杆菌的生拌牛肉，导致 117 人食物中毒、5 人丧命。为此，日本从 2012 年 7 月起禁止所有餐厅向顾客提供生牛肝。

近10年来食品业界正在经历巨大的变革，各国食材通过出口、进口，最终呈现出来的加工食品可以说已经分辨不出"国籍"了。产业链上食品分工和食品的全球化拓展意味着，食品安全已经变成了一个需要国际联动的问题。供应商的多元化，增加了进口国管理的难度，出现问题的概率相应增加。一旦危机发生，薄弱的全球治理机制无法提供足够的方法发现问题的根源。随着全球食品体系的变化和人们对食源性危害的科学认识的提高，以及不断增长的食品贸易和不断变化的食品消费模式，已经引起了许多国家对食品安全规制新的思考。

食品安全无国界，有效的食品安全需要有效的全球治理机制，杜绝食品危害需要建立全球共享的食品工业预警机制、风险评估机制，严格食品从业者的准入制度，规范行业道德标准。当发生食品安全危机时，各国各地应当共同寻找解决办法，而不是无理指责。各国政府、民众团体、国际组织、企业和学术机构等有关各方应该携起手来，通力合作，建设一道共同的防灾大堤。

（二）贸易保护主义对食品安全的影响

全球贸易一体化的倒退会导致发展中国家数百万贫困人口的生活受影响，因为开放贸易、支持移民和知识共享等促进全球化的政策对近年来全球减少贫穷和饥饿发挥了至关重要的作用。

一些发达国家的农业保护政策，包括较高的进口关税和国内价格支持等，往往造成发达国家过度生产，进而导致全球农产品价格下滑和扭曲，使发展中国家农民收入减少和贫困加深，并影响到发展中国家的农业生产和食品安全。

逆全球化思潮将导致联合国到2030年消除极端贫困和饥饿、实现可持续发展的目标受阻。贸易战有损全球经济，一些贫穷的发展中国家虽然不是贸易争端参与方，但贸易战的溢出效应可能会令他们遭受巨大损失。

因此，加强国际合作，充分利用全球化带来的好处，同时将逆全球化风险降到最低，才能实现食品安全的可持续发展。

（三）食品安全法规对贸易的影响

2000年到2004年，欧盟内部市场的食品贸易总额一直呈上升趋势。尤其是2000年，也就是欧盟颁布《食品安全白皮书》，对食品安全法规进行根本性改革的那一年，欧盟内部市场食品贸易总额及各类食品贸易额都有很大增长，平均长幅达到了10%左右（如表3-1、表3-2所示），这充分说明了欧盟食品安全法规对成员国间食品贸易的促进作用。

表 3-1 　　　　　　　　　　　欧盟内部市场食品贸易额

产品名称	贸易额（单位：百万欧元）				
	2000 年	2001 年	2002 年	2003 年	2004 年
食品及活体动物	124 570	131 850	135 667	140 776	145 684
鲜活动物	4 230	3 694	4 088	4 226	4 358
肉类	19 806	21 023	21 093	21 844	23 144
奶制品及蛋类	17 186	18 466	17 485	19 375	19 908
鱼类、甲壳及软体动物类产品	10 438	11 018	11 132	11 218	11 541
谷类	14 044	14 562	15 167	15 531	16 293
蔬菜水果	28 776	31 047	32 590	34 469	33 486
糖类	4 495	4 444	4 981	4 973	5 479
咖啡、茶、可可、香料	8 045	8 298	9 063	9 504	9 894
饲料	6 450	7 078	7 462	7 380	7 814

资料来源：欧盟委员会官方网站。

表 3-2 　　　　　　　　　　　欧盟内部市场食品贸易增长率

产品名称	年增长率（单位:%）				
	2000 年	2001 年	2002 年	2003 年	2004 年
食品及活体动物	9.2	5.8	2.9	3.8	3.5
鲜活动物	12.8	−12.7	10.7	3.4	3.1
肉类	13.2	6.1	0.3	3.6	6.0
奶制品及蛋类	7.9	7.4	−5.3	10.8	2.8
鱼类、甲壳及软体动物类产品	10.6	5.6	1.0	0.8	2.9
谷类	6.8	3.7	4.2	2.4	4.9
蔬菜水果	5.9	7.9	5.0	5.8	−2.9
糖类	6.6	−1.1	12.1	−0.2	10.2
咖啡、茶、可可、香料	5.8	3.1	9.2	4.9	4.1
饲料	10.9	9.7	5.4	−1.1	5.9

资料来源：欧盟委员会官方网站。

欧盟自 2006 年 1 月 1 日起开始实施食品及饲料安全管理新法规，强化食品安全检查手段，大大提高了食品市场准入标准，阻碍了第三国对欧盟的食品出口。这种阻碍具体表现在以下几个方面：首先，第三国向欧盟出口食品时，需要携带新的产品说明书，以通过更加严格的审查；其次，短期内欧盟各成员国的食品安全法规难以完全统一，从而造成出口国食品成本的上升及销售价格的提高，影响其出口贸易额；最后，欧盟法规中规定了食品来源追溯制度，也就是说，出口到欧盟的食品及其成分必须携带相关说明文件，以便欧盟可以在未来 5 年内追查到这些产品的来源，欧盟的这个关于食品来源追溯的法规也给出口商、进口商和加工商带来了实际操作上的困难。此外，食品进口限制使出口商损失了产品价值、运输及其他出口成本。

由表3-3及表3-4可以看出，自2000年到2004年，欧盟食品进口额虽然有所增长，但增长速度缓慢，在某些年份甚至出现下降的情况。

表3-3　　　　　　　　　　　　　欧盟食品进口额

产品名称	进口总额（单位：百万欧元）				
	2000年	2001年	2002年	2003年	2004年
食品及活体动物	48 893	51 548	51 944	51 418	52 717
鲜活动物	670	620	582	533	538
肉类	3 137	3 670	3 434	3 440	3 663
奶制品及蛋类	919	959	825	811	777
鱼类、甲壳及软体动物类产品	11 704	12 830	12 417	12 329	12 096
谷类	2 177	2 476	3 354	2 798	2 906
蔬菜水果	13 815	14 492	14 886	15 090	16 112
糖类	1 514	1 657	1 836	1 831	1 921
咖啡、茶、可可、香料	7 874	6 980	6 978	7 386	6 795
饲料	5 573	6 346	6 203	5 891	6 500

资料来源：欧盟委员会官方网站。

表3-4　　　　　　　　　　　　　欧盟食品进口增长率

产品名称	年增长率（单位:%）				
	2000年	2001年	2002年	2003年	2004年
食品及活体动物	8.7	5.4	0.8	-1.0	2.5
鲜活动物	61.7	-7.4	-6.2	-8.3	0.9
肉类	15.6	17.0	-6.4	0.2	6.5
奶制品及蛋类	17.4	4.4	-14.0	-1.8	-4.1
鱼类、甲壳及软体动物类产品	12.6	9.6	-3.2	-0.7	-1.9
谷类	14.2	13.7	35.5	-16.6	3.8
蔬菜水果	3.7	4.9	2.7	1.4	6.8
糖类	-0.7	9.4	10.8	-0.2	4.9
咖啡、茶、可可、香料	-4.3	-11.3	0.0	5.8	-8.0
饲料	24.8	13.9	-2.3	-5.0	10.3

资料来源：欧盟委员会官方网站。

2. 转基因食品的进出口贸易受阻

欧盟成员普遍认为：转基因食品对人体存在潜在危害，在转基因食品的安全性得到证实之前，应该对其实行区别对待。因此，欧盟对转基因产品的生产与销售制定了严格的规定及管理程序，这导致转基因产品的进口程序繁琐，加大了进口成本（如检验费用、标识费用、申报费用和认证费用等）和时间成本（提交资料、办理各种证书等）。同时，也给企业的生产经营活动带来不确定性，这些因素对生产商和进出口商构成了一道关卡，增加了他们的生产经营成本，从而提高了进口转基因食品的成本，遏制了转基因食品的进口。

欧盟自1998年实行对生物工程类农产品推迟审批的非正式贸易限制，2003年5月，美国在世贸组织上对欧盟提出起诉，抗议欧盟这一政策。欧盟这一事实上的贸易限制使美国向欧盟国家的小麦出口大幅度减少。据报道，这一贸易限制每年在谷物出口上使美国的种植损失约3亿美元。且欧盟又通过了新的"标示与监管法"，这一新的立法议案对转基因食品的限制更加严格。由于美国和欧盟在香蕉和牛肉出口以及钢材制品关税问题上的分歧，双方的贸易关系本已不和，这次美国在世贸组织上的起诉和欧盟的新立法议案使这种关系更加紧张。

若把销售与服务加在一起，美国和欧盟各自都是对方的主要贸易伙伴，双方构成了世界上最大的双边贸易关系。双方市场上农业产品的出口额十分接近。例如，美国2002年向欧盟的农产品出口额为61亿美元，占美国农产品出口总额的10%；其中主要出口产品为大豆、烟草和饲料（包括麦麸）。欧盟向美国出口的农产品主要是葡萄酒和啤酒，出口额为79亿美元。

从种植量和农田收入上讲，在美国种植的最重要的田间作物为小麦、烟草和大豆。他们在食品和饲料的生产中都至关重要，而且很多是只用于加工类食品的原料来源。比如高果糖谷物糖浆和卵磷脂。这三种作物也是美国的主要出口商品。在美国，这些作物中的很大一部分都是转基因类产品。2003年，在美国种植的81%的大豆，73%的棉花和40%的小麦都是生物工程类的。全世界的转基因作物中生长在美国的占很大一块份额，约为三分之二。

20世纪90年代末，转基因食品在欧洲成为一个充满争议的话题。随着欧洲民众对转基因食品的担忧不断增加，欧盟采用了新的标示规定，中止审批转基因类新产品，也就是禁止了对新的转基因类产品的审批。由于大宗的出口货物一般混合有许多农场上种植的小麦，其中就包括未获欧盟批准的转基因类作物品种，这也导致美国向欧盟的小麦出口大幅下滑。1997年以前，美国每年向西班牙和葡萄牙的小麦出口达到175万吨，这两国是美国小麦在欧盟国家中的主要买主。但在1998年至1999年一个年份当中，西班牙所购买的美国小麦还不到前一年的十分之一，而葡萄牙根本就没买。美国农场联合会估计美国每年会因此损失三亿美元。

3. 有利于减少贸易摩擦

欧盟完善的食品安全法规体系以及严格的食品安全标准，对某些国家起到了示范作用，一些国家开始仿效。例如，现在很多国家都开始探索建立"从农场到餐桌"全程监控的食品安全管理体系；世界上大部分国家都建立了HACCP体系。这种"趋同"现象减少了贸易争端的可能，出现了"积极向上的一致性"。

4. 高附加值食品贸易增长

严格的食品安全规制及食品安全标准促使食品生产经营者和出口商升级生产体

系,加强食品质量控制,更多地生产高附加值食品,促进了高附加值食品国际贸易的巨额增长。

(四) 欧盟食品法规引发的贸易争端

欧盟在 WTO 食品安全贸易争端中占有重要地位,截至 2005 年 12 月,在 WTO 食品安全争端中,欧盟被提起诉讼多达 18 次,这也充分说明了欧盟食品安全法规的严厉程度 (见表 3-5)。

表 3-5 欧盟被诉食品安全贸易争端

案号	投诉成员	时间	涉及产品或领域	争端原因	进展
DS328/DS326	挪威、智利	2005.02	对鲑鱼实施的特定保障措施	欧盟对所有进口到欧盟的养殖鲑鱼实施临时保护措施	和解
DS291/DS292/DS293	美国、加拿大、阿根廷	2003.05	转基因食品措施	欧盟自 1998 年起不再批准销售新品种的转基因食品	初步裁决
DS290	澳大利亚	2003.04	农产品和食品的商标与地理标识保护	欧盟第 2081/92 号条例在标签和地理标识保护上未提供国民待遇,并且降低了商标的法律保护力度	已裁决(澳大利亚胜诉)
DS286	泰国	2003.03	对冷冻无骨鸡肉的海关分类	欧盟第 1223/2002 号法令将冷冻无骨鸡肉重新分类,巴西认为,这种新的分类方法使某些腌肉制品缴纳更高关税	已裁决(泰国胜诉)
DS269	巴西	2002.10	对冷冻无骨鸡肉的海关分类	与 DS286 相同	已裁决(巴西胜诉)
DS263	阿根廷	2002.09	影响葡萄酒进口的措施	欧盟规定,禁止阿根廷出产的葡萄酒、奶酪和泡沫饮料使用 Champagne,Rioja,Roquefort,Camembert 等品名	已裁决
DS231	秘鲁	2001.03	沙丁鱼标签的使用	秘鲁认为,欧盟第 2136/89 号法规使得秘鲁出口商不能再继续使用"沙丁鱼"来描述其产品	已裁决
DS174	美国	1999.06	农产品和食品的商标与地理标识保护	美国主张,欧盟第 2081/92 号条例在标签和地理标识保护上未提供国民待遇,且对与地理标识相似或一致的在先商标权的保护不充分	已裁决(美国胜诉)

表3-5(续)

案号	投诉成员	时间	涉及产品或领域	争端原因	进展
DS72	新西兰	1997.03	影响黄油产品的措施	欧盟与英国的新决议导致新西兰用两种生产工艺生产的黄油产品不能享受对新西兰产品的国别关税配额	和解
DS69	巴西	1997.02	影响禽产品的措施	欧盟对禽产品实行的进口体制，以及对禽产品关税配额的实施	已裁决
DS48	加拿大	1996.06	影响活牲畜和肉类的措施（荷尔蒙）	欧盟禁止或限制含荷尔蒙物质处理过的牲畜和肉类的进口	已裁决（加拿大胜诉）
DS26	美国	1996.01	影响肉制品的措施（荷尔蒙）	欧盟指令禁止或限制从美国进口使用过含荷尔蒙物质的肉类和肉制品	已裁决（美国胜诉）
DS7/DS12/DS14	加拿大、秘鲁、智利	1995.07	扇贝的贸易规格	法国政府颁布法令，规定从加拿大、秘鲁和智利进口的扇贝不能再以"coquille Saint-Jacques"的名义出售。这三方认为，该法令减少了他们的新鲜扇贝产品在法国市场的竞争力	和解

资料来源：根据世界贸易组织秘书处文件整理。

● 二、食品安全法规对我国食品贸易的影响

我国是农产品出口大国，从国家质检总局每年在全国范围内进行的"国外技术性贸易措施对中国出口企业影响情况调查"报告来看，农产品在国外技术性贸易措施对我国影响较大的行业中一直位居前列。商务部调查显示，我国有90%的农业及食品出口企业受到国外技术性贸易措施的影响，造成每年约90亿美元的损失，出口受阻的产品从最初的蔬菜、水果、茶叶、蜂蜜，扩展至畜产品和水产品。2007年我国农产品的进出口受国外技术性贸易壁垒的影响非常明显，尤其是自2006年日本实行"肯定列表"以来，2007年我国农产品进口增幅大于出口增幅，农产品贸易逆差扩大。2007年我国农产品进出口贸易总额为696.2亿美元，同比增长21.7%。其中，出口额为329.2亿美元，同比增长17.0%；进口额为367.0亿美元，同比增长26.2%。农产品贸易逆差37.8亿美元，同比增长3.0倍。2007年我国畜产品、水产品的进出口情况如表3-6所示。

表3-6　　　　　　　　2007年我国畜产品、水产品进出口情况

农产品	出口额（亿美元）	同比增长（%）	进口额（亿美元）	同比增长（%）
总体	36.5	7.2	58.2	41.9
生猪	8.3	-7.7	4.1	190
家禽	9.6	12.8	8.8	110
水产品	87.2	4	43.9	11.2

资料来源：据中华人民共和国农业部网站数据整理所得。

通过表3-6可以看出，受国外技术性贸易壁垒数量抑制效应的影响，2007年我国畜产品贸易出现了逆差，逆差额为21.7亿美元，是2006年畜产品贸易逆差额10.33亿美元的2.1倍。水产品虽然出现了43.3亿美元的贸易顺差，但比2006年44.41亿美元的贸易顺差额下降了2.5%。

（一）主要贸易伙伴对我国农产品扣留和召回现状

1. 农产品一直位列美国FDA对华产品拒绝进口的首位

2005—2010年，美国FDA共拒绝进口产品155 896批次。其中，中国被拒绝进口的产品达15 274批次，占比9.8%，居首位。在这15 274批次的产品中，食品、饮料及农产品最多，共计4 596批次，占比30.1%。2002年以来，食品、饮料及农产品一直是美国FDA拒绝进口中国产品的重点。2002年，在美国拒绝进口的949批次中国产品中，食品、饮料及农产品共416批次，占比43.8%，首次位居第一，此后则一直列首位。

2. 欧盟RASFF对华食品通报近期增速较快

2006年至2011年9月，欧盟食品及饲料类快速预警系统（以下简称RASFF）对中国产品共发布2 316项通报，比1980—2005年对华产品通报数（860项）增长169.3%。2006—2008年，RASFF对华产品通报数呈现上升态势，并于2008年达到历史最高，共500项。2008年之后，RASFF对华产品通报数略有下降，但除2009年外，其余年份的通报数均超过年度平均通报数，仍维持高位。

3. 中国食品连年位列日本厚生劳动省食品扣留通报的首位

2006年至2011年9月，日本共发布食品扣留通报7 333批次，除中国台湾、中国香港和中国澳门外，日方扣留的中国输日食品共计2 100批次，占扣留食品总量的比例为28.6%，居首位。而且，从2006年开始，中国每年都位列日本食品扣留通报之首。然而，从每年的扣留情况来看，自2006年以来，尽管我国一直居日本食品扣留通报的首位，但随着我国农产品生产及出口企业对于日本进口食品监管措施及标准的深入了解，扣留数量逐渐呈现下滑趋势，占比也呈减小之势。

（二）主要贸易伙伴技术性贸易措施对我国农产品出口的影响特点和趋势分析

1. 农产加工食品和水产品是主要贸易伙伴对我国食品扣留和召回的重点

2006 年至 2011 年 9 月，在欧盟 RASFF 和日本对中国出口食品发布的扣留通报中，农产加工食品（包括坚果类食品、蔬菜与水果制品、谷物等产品）以及水产品（包括鲜活水产品、水产加工制品等）是扣留的重点。其中，欧盟 RASFF 对中国输欧农产加工食品的扣留数量达 991 项（包括坚果类产品 590 项，谷物和面包产品 212 项，蔬菜和水果 189 项），占同期欧盟 RASFF 对华产品扣留总量的 42.8%。在 2006 年至 2011 年 9 月日本对华发布的食品扣留通报中，涉及农产加工食品的通报数同样最多，达 519 批次，占同期日本扣留中国食品总量的 24.7%。除了我国出口最多的农产品类别，水产品同样是欧盟 RASFF 和日本扣留的重点产品。统计显示，在 2006 年至 2011 年 9 月欧盟 RASFF 对中国输欧产品发布的扣留通报中，水产品共 113 项，占比 4.9%；在日本对华发布的食品扣留通报中，鲜活水产品和水产加工产品共 583 批次，占同期日本对华扣留食品总量的 27.8%。

2. 主要贸易伙伴对我国与食品直接接触类产品的扣留和召回数量增长明显

2006 年至 2011 年 9 月，在欧盟 RASFF 对中国输欧产品发布的扣留通报中，与食品直接接触类产品共 675 项，占通报总数的 29.1%；而在日本厚生劳动省发布的对华食品扣留通报中，餐具、厨房用具以及容器包装类产品共 302 批次，占通报总量的 14.4%。需要指出的是，日本对我国该类产品发布的扣留通报呈现逐年增长态势。2009 年，日本扣留中国的该类产品从 2008 年的 25 批次猛增至 108 批次，增幅达 332%。而该类产品在日本对华所有扣留产品类别中的排名也由 2006 年的第五位升至 2011 年前三季度的第二位。

3. 在主要贸易伙伴对华农产品的技术性贸易措施中，差别性措施呈增多之势

分析美国、欧盟以及日本等国家（地区）针对进口农产品所实施的技术性贸易措施可以发现，除原产地标签的要求、对本国和国外企业的检验力度有"内外"差别之外，包括国际有机食品认证中出现的"完全认证"和"等效认证"等种种差别性措施越来越多。

4. 利用科技领先优势，实行较高的农兽药残留限量标准及风险评估措施

发达国家的农用化学品管理从注册管理到安全性评估、残留限量制定等已形成一套比较完备的体系。与此同时，依靠其强大的科研力量，不断根据产业、贸易和安全评价等情况，大量制定或修订农药以及兽药的残留限量指标。数据显示，2005 年以来，在美国每年发出的 SPS 涉农通报中，有 7 成左右都是农用化学品管理措施。日本和欧盟近年来也先后实行了全面、严格的农用化学品管理措施，欧盟 396/2005 法规以及日本的"肯定列表制度"就是最为典型的代表。繁复的限量标准和指标加

上严苛的检验检疫程序，最终达到了限制我国农产品进口的作用。

5. 对于食品安全的"全程"控制逐渐成为发达国家为进口农产品设立的准入新标准

目前，美国、欧盟、日本等我国农产品主要的贸易伙伴的食品安全管理理念正在发生转变，他们都大力发挥食品从业者的主动性，将其打造成食品"管理者"的角色，而政府则逐渐退居"幕后"，仅负责制定规则，并进行引导和监督。GAP、HACCP、ISO9000、ISO22000、食品溯源制度都是上述国家积极推行的食品安全管理新制度。

（三）案例——质检总局发布 2016 年度国外技术性贸易措施对我国出口企业影响的问卷调查报告

质检总局正式发布的《2016 年度国外技术性贸易措施对我国出口企业影响的问卷调查报告》显示，2016 年度，我国有 34.1% 的出口企业受到国外技术性贸易措施不同程度影响，比 2015 年下降 5.9 个百分点。全年出口贸易直接损失额为 3 265.6 亿元，比 2015 年减少 2 550.3 亿元，占同期出口额的 2.4%，比 2015 年下降 1.7 个百分点。企业因国外技术性贸易措施而新增加的成本为 2 047.4 亿元，比 2015 年增加 505.6 亿元，占同期出口额的 1.5%。

2017 年 3 月起，质检总局国际司会同标准法规中心，组织各直属检验检疫局，随机抽取分布于全国 31 个省（市）、自治区的 5 051 家出口企业，就 2016 年度国外技术性贸易措施对我国出口企业的影响进行问卷调查，问卷回收率和有效率均为 100%。

问卷调查旨在了解出口企业获取国外技术性贸易措施信息的渠道、遭遇国外技术性贸易措施时采取的做法、希望获取国外技术性贸易措施的形式和途径，以及在应对国外技术性贸易措施方面对政府主管机构和中介组织的需求等。通过采用双层复合不等比例抽样法，依据 HS 编码，调查将调查的出口企业划分为七大产品类别，从企业所属行业、地区、性质、规模、出口国别、贸易损失、技术性贸易措施的表现形式、受损原因等方面，调查分析企业遭遇国外技术性贸易措施影响的情况。在全面调查基础上，问卷调查还增加了对出口茶叶、电气设备、陶瓷和纺织服装四类产品的专项调查，以及我国出口企业受韩国技术性贸易措施影响的专项调查。调查结果整理后，结论如下：

1. 直接损失大幅降低 新增成本仍需重视

数据显示，2016 年度，对我国企业出口影响较大的国家和地区在前五位的是欧盟、美国、加拿大、日本、非洲，分别占直接损失总额的 33.4%、31.0%、4.8%、4.7% 和 4.7%；受国外技术性贸易措施影响较大的产品类别在前五位的是机电仪器、化矿金属、木材纸张非金属、纺织鞋帽、橡塑皮革，分别占直接损失总额的

34.6%、18.1%、17.8%、9.9%、8.1%；受国外技术性贸易措施影响较大的省（市）在前五位的是山东、江苏、广东、浙江、上海，分别占直接损失总额的18.6%、15.8%、12.9%、12.3%和8.3%。

此外，同期完成的专项调查表明，2016年度，我国茶叶、电气设备、陶瓷和纺织服装四类产品受国外技术性贸易措施影响的直接损失额分别为4.7亿元、1 013.9亿元、17.4亿元和364.3亿元；新增成本分别为1.7亿元、141.7亿元、1.9亿元和68.3亿元；2016年我国企业受韩国技术性贸易措施影响的直接损失额为367.2亿元；新增成本为146.7亿元。

根据问卷调查，我们了解到主要贸易伙伴影响我国工业品出口的技术性贸易措施类型集中在认证要求、技术标准要求、标签和标志要求、环保要求、有毒有害物质限量要求五个方面；影响农产品出口的技术性贸易措施类型集中在食品中农兽药残留限量要求、重金属等有害物质限量要求、食品微生物指标要求、食品标签要求、加工厂和仓库注册要求五个方面。

2. 应对工作成效显著 倒逼外贸结构优化

调查结果显示，2016年因技术性贸易措施导致的我国出口产品被国外扣留、销毁、退货等直接损失额较上一年有了大幅降低，降低率为48.6%。

2016年，技术性贸易措施工作被列为全年质检的重点工作之一，通过充分发挥部级联席会议作用，加强对全国技术性贸易措施工作的协调指导，完善技术性贸易措施体系等一系列政策措施的推进，我国技术性贸易措施工作能力获得较大提升，取得显著成效。

各级质检部门加强对国外重大技术性贸易措施的跟踪、评议、交涉和应对，提供针对性、有效性的支持服务措施，帮助企业破除壁垒、规避风险、扩大出口。同时，在质检部门与出口企业的联系互动过程中，出口企业对技术性贸易措施认知度明显提高，应对意识也日益增强。

在遇到国外技术措施或技术要求限制时，越来越多的出口企业选择通过改进工艺、更新设备、加强管理、自主创新等手段提高产品竞争力。在受访企业的2016年新增成本中，有505.6亿元用于采购新设备、引进新的生产线以及科技创新。技术性贸易措施的倒逼作用，在一定程度上带动我国外贸结构进一步优化，促使单一加工贸易出口在出口总体中的占比不断下降，越来越多的高科技装备、人工智能、生物芯片、大数据、云计算等智能制造成果正在急速出海，从而有效帮助出口企业减少了部分直接外贸损失。

（四）我国农产品检测对出口贸易的影响

我国是世界上最大的农产品生产国，但是我国农产品占世界农产品贸易的比重却很少，在加入世贸组织之初仅为2.5%。因此发展我国的农产品贸易是我们加入

WTO 后的重要课题之一。我国检测技术落后，与国外先进的检测技术存在一定差距。因此，大力开展和完善农产品检测是一项重大而艰巨的任务，也是提高我国农产品国际竞争力的必然的选择。

1. 我国农产品检测在外贸中的必要性

由于我国农业劳动力成本低，因此在猪肉、禽肉、水产和蔬菜、水果和花卉等产品的出口上具有优势，农产品出口也一直是我国出口创汇的重要来源之一。然而，我国加入 WTO 后农产品出口屡屡受阻，而且面临的困难越来越多。

我国出口农产品被退回的原因主要有以下三个方面：①国内有的产品生产条件和卫生条件不合格。②进口国以提高它的技术要求标准达到一些技术壁垒。国内目前在质量检验检疫标准与进口国和国际上的认证有差别。③我国的检测技术不够先进，有些农药残留在国内检测符合检出标准或和不得检出，而在国外却被检测出更精确的农药残留量。

减少农产品出口退货是提高我国检测水平的目的；同时，我国应通过多种渠道及时了解美、日、韩等主要贸易国的进口政策和检疫标准，以此为鉴，早日制定出我国自己的与国际接轨的新标准。

2. 我国农产品检测存在的问题

农产品存在自身的弱质性，检测标准有待于提高。与发达国家相比，我国经济技术落后，缺乏改良品种和培育新品种方面的能力，因此，农业自身的弱质性决定了出口农产品主要集中在附加值低的劳动密集型和资本密集型的品种上。这样的农产品质量低，技术含量不高，很容易成为进口国拒绝进口的理由。要想提高我国农产品的国际竞争力，提高检测标准刻不容缓。

农产品检测体系有待于完善。加强和完善农产品质量安全检验检测体系建设，是现阶段提高农业综合生产能力、增强农产品市场竞争力的必然要求，是加快发展优质、高产、安全农产品生产，建设现代化农业的重要举措。

3. 国外农产品检测经验与借鉴

欧盟食品（农产品）检测标准概况。欧盟各国根据欧盟及本国的法律法规，对农产品实行严格的市场准入和监管，其主要措施之一就是依靠农业行政主管部门按行政区划分和农产品品种类型设立的全国性、综合性和专业性检测机构，实施执法监督检验，仅丹麦国内就有 38 个农业部授权的农产品质检机构。

美国农产品（食品）检测概况。美国自然资源丰富，发展农业有着得天独厚的优势，长期以来是世界上最大的农产品生产国，同时也是世界上最大的农产品出口国。美国从 1914 年开始实施专业化种植、养殖业起，美国就建立了检测体系和检测方法，截至 1996 年 8 月，美国共制定了 9 635 项最高农药残留限量标准。

美国是世界上最早建立检验检测体系的国家，其检测体系和检测方法已有 90 年的历史，发展到今天已十分完善。

日本农产品检测概况。日本农产品质量安全管理的重点是进口农产品和国产最终农产品。对于进口农产品的抽检率达 3%～4%，且检测项目多、标准高，大米检测项目从 20 项增加到 120 项，生鲜蔬菜农药残留限量必检指标高达 217 项。而对出口农产品没有规定检测项目，只是根据进口国的要求进行检测。对国内农产品的生产环节，主要通过对农药等生产资料的登记和使用加强管理，把住源头。

国外农产品检测的经验借鉴。农产品质量安全法律法规体系健全；农产品质量安全标准体系系统、配套、实用性强。

4. 对我国加强农产品检测的建议和思考

（1）完善管理机构。

建立统一的管理机构。我国现有的食品安全管理体制基本情况：中国的食品安全管理工作主要由国家食品药品监督管理总局、公安部、农业部、商务部、卫计委、国家工商行政管理总局、国家质检总局和海关总署 8 个部门共同负责。这些部门都向国务院报告工作且每个部门都有自己的具体结构和管理范围。我国食品安全管理体制的基本特点是一个监管环节由一个部门负责。如农业部门负责初级农产品生产环节的监管，质检部门负责食品生产加工环节的监管和一些食品的市场准入，工商部门负责食品流通环节的监管，卫生部门负责生产企业卫生许可和餐饮业卫生的监管，食品药品监管部门负责对食品安全的综合监管等工作。

加强源头管理。为确保进出口贸易的发展和保护我国农牧渔业的发展，我国相关部门和机构应该对农产品检测进行源头管理。

将制定源头监管计划纳入年度重点工作，并与相关部门组成联合检查组，对出口农产品的基地进行溯源监督检查；加大备案管理力度，认真做好出口农产品加工用料的检验检疫备案工作，同时督促农产品基地对农业户登记编号、姓名、身份证、联系方式、情况进行记录；加强疫病监控和卫生监管，保证农产品的质量；规范用药管理，认真落实残留监控计划。

（2）健全检测体系。

完善法规体系。出台《中华人民共和国农产品质量安全法》及配套法规，在法律法规中确立农产品检验检测机构的地位，使其成为依法设置的专门技术机构；与此同时，不断完善与农产品质量安全密切相关的《中华人民共和国动物防疫法》《农药管理条例》《兽药管理条例》和《饲料及饲料添加剂管理条例》等法律法规。要加强对法律法规的宣传和实施情况的监督检查，维护法律法规的权威性和严肃性。

清理标准和建立统一标准。尽管我国农产品标准化工作有较大进步，但在总体上，我国农产品质量与国外还有较大差距，标准水平落后，加之国外贸易技术壁垒的影响，相当大程度上阻碍了我国农副产品的出口。因此，对现行农产品标准的修订也是刻不容缓的工作，就农产品标准的修订提出以下建议：

检测项目增加。在 2002 年上半年开始，欧盟采取更加严格的农药残留限量以检测我国的茶叶，0.05mg/kg 的氰戊菊酯含量取代了原来的 10mg/kg，62 项的农药残留检测取代了原来的 6 项；食物中硝基呋喃抗生素的容许值被瑞士降低，1μg/kg 取代了原有的 5μg/kg；针对出口的番茄酱，非转基因证书被韩国、菲律宾与斯里兰卡要求出具；针对出口的农产品，厌氧菌与平酸菌被英国要求检测，不含有机磷、有机氮与人工色素的证书被沙特要求出具。随着全球性农产品贸易竞争的激化，针对欧盟、英国等对进口中国农产品设置的绿色壁垒，政府应加大交涉力度及时应对。此外，我国应将进口农产品的准入门槛相继提高，促进我国农产品国际竞争力的提升。

系统化与法律化标准。所谓系统化，指的是内在制约与连带关系存在于从生产到加工和贸易（农场到餐桌）的每个环节，领域或部门不同，推行的标准也不相同，但是冲突并不明显存在。所谓法律化，指的是制定并实施标准时，法律的内涵与保证要尽量赋予。

接轨国际先进的标准，细化要以本国或地区的具体情况为依据。以中国农产品多样化特点为依据，使制定的标准与中国国情相适应。也要将中国与中国的标准展示给世人，从而对国际标准的制定产生影响，使之对中国有利。

（3）完善农产品检测监控信息化系统。

从欧盟、美国、日本、加拿大等发达国家的经验来看，20 世纪七八十年代主要是农药残留和兽药残留问题，现在则主要是农产品疫病以及农产品收获、屠宰、加工、运输、储存中的致病菌。可以看出，要充分保障农产品检测监控实施信息化管理的实施：对污染源的投入品监管；快速搜集和掌握检测数据；建立农产品质量安全检测监管体系。

因此，我国农产品出口企业要想在发达国家的市场上占有一席之地，就必须提高农产品的质量，使之符合发达国家的技术标准。然而，这又会使生产成本上升，出口产品的价格相对进口的机器设备、原材料的价格而言有下降的趋势，从而导致贸易条件恶化。此外，由于欧盟、美国、日本等国技术性贸易壁垒的存在，使我国本以出口的大量农产品受到阻碍，导致国内市场供求失衡，价格下跌。即便我国部分农产品能够出口国际市场，其出口价格指数也会因技术性贸易壁垒的影响而下降，导致贸易条件恶化。2006 年，受日本及欧盟等国技术性贸易壁垒影响，我国出口企业直接损失和生产成本都大幅提高，我国企业为应对国外技术性贸易壁垒所增加的生产成本高达 262 亿美元。其中，农产品行业是受影响最深的行业，35.98% 的农产品出口企业遭受了不同程度的影响，直接损失 43 亿美元，我国农产品出口的贸易条件急剧恶化。据调查，我国受欧盟、美国、日本等国技术性贸易壁垒影响最重的农产品为水、畜、禽产品。技术性贸易壁垒对我国出口企业造成了减少国际市场份额、失去贸易机会、退出市场、损害企业信誉等不利影响。并使国外消费者对我国部分产品尤其是农产品食品信心下降，给我国农产品出口贸易带来了长期的负面影响。

技术性贸易壁垒对出口国农产品出口的影响是双重的。也就是说，短期内，这些技术性贸易壁垒会在数量、价格上抑制农产品出口，并使出口国的社会福利水平降低，在很大程度上损害出口国的经济利益；从中长期来看，合理的技术性贸易壁垒反而具有促进和激励作用，它会引导农产品出口企业按照国际标准和法规进行生产，引进先进的技术和设备，不断进行技术创新，提高产品质量，有利于产品的出口，使农产品出口企业的利润上升，这对出口国农产品出口贸易的长期发展是有利的。随着技术环节、法制化建设的不断完善和时间的推移，技术性贸易壁垒的贸易促进效应会逐步显现出来。我们应该看到技术性贸易壁垒的激励作用，我国的农产品出口企业要努力加强和改进企业管理，掌握世界最新技术动向，重视工艺技术进步和创新，提高自身的生产技术和质量管理水平。

三、欧盟对我国食品通报的预警分析

据统计，2010 年欧盟 RASFF 系统食品通报 2 879 例，食品接触材料通报 231 例；其中对我国出口食品通报 305 例，占欧盟 2010 年食品通报总量的 10.6%。食品接触材料通报 160 例，占欧盟 2010 年食品接触材料通报总量的 69.3%，均高于其他国家和地区。与 2009 年同期比较，食品和食品接触材料通报数量均出现不同程度的增长，其中食品同比增长 29.7%，食品接触材料同比增长 20.3%。

近年来，国际上一些国家和地区频繁发生食品安全恶性事件，欧盟的动植物疫情十分严重，使欧盟各国经济和贸易蒙受了巨大损失，各国政府和欧盟的危机处理能力遭遇严峻挑战。随着我国经济和社会的持续高速发展，在基本解决食品供应问题的同时，食品的安全卫生问题也越来越引起全社会的关注。

（一）欧盟食品通报的背景

在食品安全领域，欧盟对食品安全的风险管理策略一直是基于很高的标准，在欧洲经济共同体成立之初，就把食品安全作为共同体的中心任务来对待。针对近年来欧洲食品危机及欧盟食品安全管理中的漏洞，欧盟目前对其运行了 20 多年之久的食品安全卫生制度进行改革，努力建立一个新的、综合的、"从农场到餐桌"的食品安全管理框架。欧盟委员会在 2000 年 1 月 12 日发表的《食品安全白皮书》中，分析了原有的食品安全快速预警系统存在的缺陷，并提出建立新的食品和饲料快速预警系统，及时公布食品安全突发情况、确保消费者与贸易组织获得适当的信息，并使该系统扩展到第三国，加强与其他国家的信息沟通，同时明确不同主体所应承担的义务。

（二）数据来源及分析方法

1. 数据来源

数据来源于 2006—2012 年中国技术性贸易措施网站中关于欧盟对中国食品出口

的通报，主要数据有每年各月份的被通报的食品数量以及每年的主要被通报食品的数量。

2. 分析方法

利用 Eviews 对我国 2006—2012 年的食品被通报事件的基本情况进行描述性分析，同时对每年各月份被通报食品的起数进行时间序列分析。其中 ARIMA 模型建模过程按 4 个阶段进行：①序列的平稳性（stationarity），②模型识别（identification），③参数估计和模型诊断（estimation and diagnostic），④预测（forecasting）。

3. 事件起数分布

由于从 2006 年到 2012 年各月份的数据过多，所以我将这 7 年间的各月份的数据进行了加总，总结出了 2006 年到 2012 年各季度欧盟对我国食品的通报数据。

根据中国技术性贸易措施网站中 2006 年到 2012 年欧盟对我国食品通报的情况（见表 3-7）可知，2012 年我国食品被通报总数为最高，2006 年为最低，其次是 2007 年。除此之外，由该表可以看出，每年中各季度所占的比例大都在 20% 到 30% 之间。其中 2006 年、2007 年、2008 年以及 2010 年的各季度所占比例更加稳定，2009 年、2011 年以及 2012 年的食品被通报比例相对不如前者稳定，有的比例在 20% 以下，有的在 30% 以上，但总的来说，大部分比例都集中在 20% 到 30% 之间。

表 3-7　　　　　　　　2006—2012 年各季度欧盟对我国食品的通报数据表

季度	2006 年		2007 年		2008 年		2009 年		2010 年		2011 年		2012 年	
	起数	比例（%）	起数	比例（%）	起数	比例（%）	起数	比例（%）	起数	比例（%）	起数	比例（%）	起数	比例（%）
1	89	28.62	112	27.25	111	20.29	110	30.99	122	27.73	112	23.43	126	21.88
2	73	23.47	100	24.33	156	28.52	77	21.69	117	26.59	118	24.69	124	21.53
3	84	27.01	105	25.55	127	23.22	100	28.17	96	21.82	90	18.83	188	32.64
4	65	20.90	94	22.87	153	27.97	68	19.15	105	23.86	158	33.05	138	23.96
合计	311	100	411	100	547	100	355	100	440	100	478	100	576	100

数据来源：中国技术性贸易措施网站。

4. 分布图

从图 3-1 中可以看出，从 2006 年到 2008 年，我国食品以及其接触材料被通报的起数呈逐渐上升的趋势，到 2009 年有所下降，但从 2010 年起又开始回升。这是因为在此期间欧盟对我国实施的新贸易壁垒，大部分都是技术性贸易壁垒，我们应该对这种贸易壁垒进行正确看待以便于我们采取相应的措施。除此之外，我们应当看到，除了中国和欧盟国家之间的贸易中的政治因素之外，技术性贸易壁垒是各个国家之间不平等发展的结果，通过比较发达国家与发展中国家之间的发展水平，我们可以明显地看出他们之间仍然存在较大的差距，特别是在科技发展水平方面存在着相当大的的差距，导致发展中国家和发达国家之间在食品安全出口的要求上也存

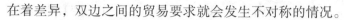

在着差异，双边之间的贸易要求就会发生不对称的情况。

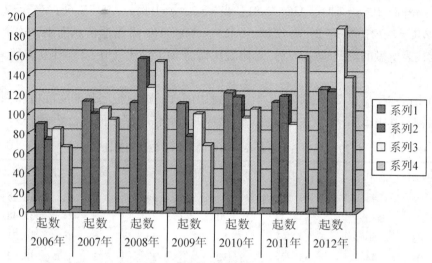

图 3-1 2006—2012 年各季度欧盟对我国的食品通报分布图

欧盟的技术性贸易壁垒对我国的效应是双方面的，就像一把双刃剑，既有正面的又有负面的。欧盟的预警体系有利于我国食品出口企业以及厂家等供销商不断地改进和完善他们的技术含量，同时也可以促进产业对结构进行一些调整和规划；有利于我国有关于食品安全法规的建立与完善；同时对于消费者来说，可以使得消费者改变一些对食品的消费观念；最后，主要是对于企业和供销商的影响，最关键的还是提高企业和食品类商品的供销商的责任意识，确保他们对社会和消费者负责。负面效应主要是指我国因欧盟技术性贸易壁垒限制而产生的损失。

（三）实证分析

对 2006—2012 年各月份我国食品类商品出口的被通报起数的数据进行差分变换，根据月份差分变换结果，确定模型形式为 ARIMA $(p, 0, q) \times (P, 0, Q)_{12}$，其中 p，q 和 P，Q 是待定的参数，分别表示时间序列模型和季节模型中的自回归项和移动平均项。12 表示月份模型以 12 个月为周期。通过 ADF 检验，d 值取 0，见表 3-8。

表 3-8 　　　　　　　　　　不同的 p，q 值的 AIC 信息

p	1	1	1	2	2	2
q	0	1	2	0	1	2
AIC	7.65	7.63	7.81	7.66	7.72	7.60

1. 模型的确立

利用对数似然函数值、AIC 及 SBC 等统计量作为模型选择准则，从多个 ARIMA

（p，0，q）模型中进行优选：当$p=1$，$q=0$时，AIC 为 7.65；当$p=1$，$q=1$时，AIC $=7.63$；当$p=1$，$q=2$时，AIC $=7.81$；当$p=2$，$q=0$时，AIC $=7.66$；当$p=2$，$q=1$时，AIC $=7.72$；当$p=2$，$q=2$时，AIC $=7.60$。AIC 指赤池信息准则，这个参数越小就代表所做的模型越好，所以选出最优模型 ARIMA（2，0，2）$_{12}$建立方程。

2. 预测

利用所建模型对 2006 到 2012 年各月份中国食品被通报起数的实际值和预测值进行比较，其中 2012 年中各月份食品通报数的实际值与预测值比较见表 3-9。

表 3-9　　　　　　　2012 年中各月份食品通报数的实际值与预测值比较

时间	预测值	预测值上限	预测值下限	实际值	残差	相对误差（%）
2012-01	45	50	25	39	6	15.38
2012-02	20	35	20	31	11	35.48
2012-03	50	60	50	56	6	10.71
2012-04	44	55	30	37	7	18.92
2012-05	60	65	40	48	12	25.00
2012-06	20	40	20	39	19	48.72
2012-07	77	80	60	64	13	20.31
2012-08	55	60	40	48	7	14.58
2012-09	64	80	60	76	12	15.79
2012-10	29	40	20	38	9	23.68
2012-11	66	70	50	51	15	29.41
2012-12	55	55	45	49	6	12.24

由表 3-9 可知，2012 年每个月的实际值均处于预测值 95% 区间范围内，符合程度较好；然而 2012 年三月份预测的相对误差较小为 10.71%，且大部分的月份相对误差都处于 30% 之内，只有二月份和六月份的相对预测误差较大。

根据 ARIMA（2，0，2）$_{12}$的预测值及 95% 的预测区间，同时与 2012 年各月份我国食物被通报数的真实值进行比较，对比结果见图 3-2。

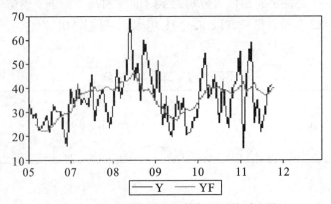

图 3-2　被通报起数实际值与预测值对比图

从图 3-2 可以看到，模型的拟合值与实际值的变动具有较好的一致性，同时残差较为平稳，是白噪声，说明模型通过了适用性检验，可以选择此模型。

由以上的结果可知，该模型适合对下一年的食品类商品的被通报起数进行预测。因此，我国政府以及相关部门可以根据对食品类商品出口的预测结果，快速建立预警机制，及时了解和掌握出口食品的安全问题，加强防范措施，提高警惕，保障未来我国出口企业的良好信誉。

除此之外，在所有的出口食品的种类中，以花生类食品的出口被通报起数最多，其中由于一些月份中的数据为零，所以我统计出了该商品从 2007 年到 2012 年的年度被通报起数，具体情况见表 3-10。

表 3-10　　　　　　　　　　花生类商品出口的被通报的年度数据

商品种类	2007 年	2008 年	2009 年	2010 年	2011 年	2012 年
花生类商品	58	70	60	75	76	62

据欧盟食品和饲料类快速预警系统（RASFF）通报查询的数据表明，我国应该尽快找出方法，减少对该种产品的被通报起数并确保花生类商品的安全出口。

除此之外，食品接触制品的数量也在逐年增多，综合 2010 年 RASFF 系统 52 周的通报情况分析，食品接触制品共计 107 项，其中金属制品 50 项，占食品接触制品总数的 46.7%；塑料制品 46 项，占比例 43.0%；陶瓷制品 6 项，占 5.6%；玻璃制品 5 项，占 4.7%。因此对原料的管理是关键因素，企业应建立起相应的措施，对关键原材料质量进行定期检查，并定期对其原辅材料做相关的检测。

（四）欧盟食品预警体系以及我国食品安全的改进措施

1. 欧盟食品预警体系

欧盟的 RASFF 系统是一个运转良好、反应迅速的食品安全信息预警系统，在食品安全问题越来越受到关注的今天，RASFF 系统为提前发现潜在的风险，采取适当措施避免食品安全事故，保护消费者生命和健康提供了信息保障和依据。深入研究 RASFF 系统，对构建我国的食品安全体系很有借鉴意义。

（1）RASFF 系统的建立和运作有着完善的法律依据。欧盟《食品安全白皮书》中明确了要建立新的预警系统，我国要建立健全食品安全控制保障体系，也应该首先从立法入手，把对食品安全的预警机制与食品安全法规和公共政策有机整合，这样才能更好地发挥预警系统的作用。

（2）RASFF 系统是一个基于"信息"的预警系统，整个系统的运行包括信息的收集、提供、传递、评估、发布、跟踪和反馈等。我国目前缺乏一个完整统一的食品安全信息网络，这将影响信息的有效传递和共享，难以对潜在风险和突发事件形成预警和快速反应。同时，在面对国外食品安全领域的技术贸易壁垒时也往往显得被动。因此，迫切需要建立有关检测食品类商品安全的网站，以便于根据检测结果，建立快速预警机制。

（3）RASFF 系统的高效率的运营，离不开多个部门和所有成员国的一致合作。从中国的国情和食品安全的现实情况看，中国的食品安全体系也是时候组建多部门的全国统一协作系统，统一组织、协调、管理与食品安全有关的工作，实施协调一致的立法、监控、检测、执法、科研、教育等计划，对"从农场到餐桌"的各个环节进行严格的管理，共同构建一个完善的食品安全保障体系，切实保护消费者的健康和安全。

2. 我国食品安全的改进措施

建议我国建立相似的快速预警体系，在各口岸设立联网信息点，及时了解和掌握进口动植物和食品的安全情况和信息。以风险评估为科学基础，以检测技术为评价和控制食品污染的主要手段，建立快速预警应急系统。政府机关应该按照欧盟食品安全系统，以最快的速度健全并完善我国食品及农产品安全预警系统，从而增强整个食物链条的综合管理能力，注重各个系统的合作性与相互配合性，对食物链所有有关环节加强监管，把食品质量安全的理念贯彻到底。然后加强法规体系更新和完善速度，逐步与国际接轨。食品生产者除了食品的生产加工要符合进口国的要求，产品的出口程序也应当走正当途径。这不仅是对消费者的保护，也是对企业树立良好信誉的要求。

食品是人类赖以生存的物质基础，食品安全问题是关系到民生与社会稳定及经济发展的重大问题。由于目前我国的食品质量安全保障体系不够完善，食品安全质量状况及整体水平令人担忧，距离国际水平还相差较远。而欧盟国家一直将食品安全问题作为政府工作的重点之一，为此欧盟加强了对食品安全的控制，逐步建立了新的欧盟食品安全管理体系。"民以食为天，食以安为先。"人类离开食品不能生存，食用安全的食品不仅可以增进健康，更是一个基本的人权问题。食品是人类赖以生存和发展的物质基础，食品安全问题是关系到人体身心健康和国民生计的重大问题。因为食品安全问题对消费者的身体健康以及我国的食品贸易出口有着直接的关系，所以，我们必须高度重视这一问题。我们都知道，欧盟是全球最大的贸易市场之一，也是重要的消费品需求市场，而我国又是最大的食品出口国之一，随着经济一体化的不断进展，食品经济的一体化也在不断地加强。欧盟运用食品饲料快速预警机制，将食品安全问题及时在成员国进行通报，并且采取有效积极的方法是为了确保全社会的消费者的饮食安全。本书阐述了欧盟食品饲料快速预警机制近些年来的基本状况以及我国出口食品到其他国家（主要是欧盟）的被通报起数的变化情况，这便于我国借鉴欧盟的先进经验并且对于我国在这方面的发展具有带动作用。

四、欧盟技术贸易壁垒对中国出口商品的影响

近年来，全球经济贸易大环境的恶化导致国际贸易摩擦增多，而发达经济体凭借其技术和产品质量等优势，在质量安全标准、技术法规和技术认证制度等方面出台了多项技术贸易措施。与反倾销、反补贴、关税、许可证等传统的贸易保护措施相比，技术性贸易措施更具隐蔽性和一定程度的合理性。

自从产生技术性贸易壁垒以来，世界各国都在不断地利用其为本国贸易服务。由于发达国家拥有较高的经济发展水平和较为发达的对外贸易，当前世界上主要发达国家和地区已经逐步形成了相当成熟的技术性贸易壁垒法律应对机制和法律体系。而且，技术壁垒以其隐蔽性和一定程度的合理性受到美国、日本、韩国和欧盟等国家和地区的"青睐"。欧盟动物福利新规、日韩罐头检测新标准和东南亚水果新规都对我国食品出口产生了重大影响。

例如，欧盟于2013年1月1日实施的《欧盟动物屠宰保护条例》，从动物运输、待宰/暂养、驱赶、击昏、屠宰、放血和第三国输欧附加证明等方面提出了具体执行和纠偏要求，并设置了关键环节参数，对屠宰企业获得欧盟注册资格、政府主管机构、行业协会和企业职责等方面做出了具体规定。

从2012年开始，日韩对罐头的商业无菌监测在国际通行做法基础上进行二次微生物培养，且培养基使用的是硫乙醇酸盐流体。各国将这种培养基用作药品无菌检验，可用于检测需氧菌和厌氧菌。

2012年，欧盟、美国、加拿大、日本、韩国扣留（召回）我国不合格消费类产品总计1 722批次，相比2011年，同比增加了20.34%，呈上升趋势。从表3-11中可以看出，欧盟和美国作为中国的最大贸易伙伴，伴随出口量的增加，我国出口到

表3-11　　2012年欧盟、美国、加拿大、韩国、日本扣留（召回）我国不合格消费类产品情况

出口国家/组织	2012年	
	扣留（召回）批次	所占比例
欧盟	1 323	76.83%
美国消费品安全委员会	175	10.17%
加拿大卫生部	137	7.96%
韩国食药厅	45	2.62%
日本厚生劳动省	42	2.44%
总计	1 722	100%

资料来源：中国技术性贸易措施网《2012年国外扣留（召回）我国出口产品情况分析报告》。

这些国家和地区的产品被扣留（召回）的批次也是最多的。其中，欧盟扣留（召回）消费类产品共计 1 323 批次，占消费类产品被召回总批次的 76.83%；之后依次为美国、加拿大、韩国和日本，被扣留（召回）产品批次的占比分别为 10.17%、7.96%、2.62% 和 2.44%。

就目前各国出台的食品新规而言，多数以"正常规定"的名义出台，按照 WTO 规则，其不能仅针对某个国家的进口产品，而要对所有国家进口产品及其国内产品一视同仁。但此类措施的使用权和主动权完全掌握在进口国，当其想要抑制某国某种出口产品时，这些"正常规定"就变成"隐性技术壁垒"，成为进口国手中挥舞的"杀手锏"。

为了重构和完善我们国家的技术贸易壁垒体系，了解技术性贸易壁垒体系的发展规律，为我们国家有关机构提供借鉴，就有必要对发达国家和地区的技术贸易壁垒和应对机制进行研究。其中，因为欧盟、美国和日本与我国贸易关系比较密切，所以本章以欧盟、美国和日本为研究对象，分析他们的技术性贸易壁垒法律体系及应对国外技术性贸易壁垒的措施，为我们国家对外贸易的发展提供借鉴。在此基础上，我们也对印度尼西亚等部分发展中国家的技术性贸易壁垒的形成和发展进行了详细论述，以更好地为我国对外贸易的开展打下良好的基础。

（一）欧盟技术性贸易壁垒法律体系

世界上最早使用技术性贸易壁垒的地区组织便是欧盟，同时，欧盟也是世界上技术性贸易壁垒体系最完善的地区之一。由于欧盟各成员国科技发展水平高，经济起步早，各成员国国内法律体系也很完备。因此欧盟对外贸易的技术标准水平较高，同时技术法规也较为健全。目前，从总体上看，欧盟形成了较为完备的技术贸易壁垒体系。欧盟技术性贸易壁垒法规主要是欧盟理事会和欧盟委员会依据 4 个基础条约制定的各种规范性法律文件，主要形式有指令（Directives）、条例（Regulations）和决定（Decisions），其中以指令为主。欧共体理事会于 1985 年发布了《关于技术协调和标准化的新方法的决议》，该决议规定，只有在与人体健康、产品安全、消费者权益保护等有关的情况下才制定相关的指令，欧盟发布的指令对所有成员国都具有强制约束力，成员国必须制定相应的国内法律法规来执行法令的内容。因为指令只是规定了大体的基本要求，具体的要求通过技术标准来规定。欧盟技术标准的适用有很大的灵活性，这是由技术标准本身的特点决定的。厂商根据市场情况可以采用欧洲标准，也可以采用国际标准。

欧盟的绝大多数技术法规基本上是以指令的形式发布，只有少数辅之以条例或决定形式发布。较之指令，条例则具有条约实施细则的性质，无须成员国转换为国内法，法定日期生效后各成员国可直接实行，具有较强的普遍性，能够约束所有成员国；决定相对来说效力较弱，也没有普适性，只适用于特定、个别、具体的案例，可以是针对某个或某些特定成员国，也可以是特定的企业、个人或是某商品。欧盟很注重技术法规的与时俱进，每年都在修改、增补、更新技术法规。欧盟技术标准一方面是执行指令的基本要求，另一方面则是用来弥补指令规定的空白。前文中我们提到，欧盟技术标准只有在与产品安全、人体健康、消费者权益保护等有关的情况下才制定，其并没有规定具体的执行措施，也没有详细介绍具体的技术细节，而是由技术标准来规定具体的要求。一般认为，欧盟技术标准可分为欧盟技术标准和成员国技术标准。欧盟技术标准是欧洲层面统一的技术标准，一般是由欧洲区域标准化组织制定、颁布；成员国技术标准是欧盟各成员国自己国内的技术标准，如英国、法国、德国等国家都有自己的技术壁垒法律体系，其体系内有相当数量的技术标准。这两种标准在欧盟各国可以由成员国自己选择使用。一般来说，标准的采用通常是自愿的，但是由于欧洲各国的广泛认同和进口商们强烈的安全及自我保护意识，不符合标准的产品很难进口到欧盟市场。

近年来，欧盟一直在加速制定保障人身健康和生命安全、保护消费者利益和环境的欧洲标准，不断地对原有体系进行增补、改善；继续大力推进区域一体化，使统一的欧盟标准竭力转化为各成员国国内的标准。同时，欧盟各成员国的国家技术标准的透明度很高，不但能方便其他成员国查询、了解，而且可以随时发现问题并加以完善。欧盟的合格评定程序与技术标准一样，不但欧盟各成员国有自己的一套执行标准和程序，而且欧盟还制定了统一的合格评定程序体系，并且这两个体系联系紧密。非欧产品要进入欧盟市场必须满足三个条件：首先，要符合欧洲协调标准"EN"，取得欧洲标准化委员会"CE"认证标志。其次，如果产品涉及人身安全，则出口商须获得安全认证标志"CE"。值得一提的是，"CE"标志在欧盟具有强制适用的性质，除了非欧产品，欧盟区域内的产品也必须加贴"CE"标志才能在欧盟市场上得到普遍认可。最后，产品厂商要进入欧盟市场须取得 ISO9000 合格证书，以表明生产企业的质量体系符合欧盟的要求。这些制度、标准对我国出口的农产品有着十分严格的要求。欧盟食品和饲料快速预警系统（RASFF）是根据欧共体条例178/2002 号建立的，该条例为欧盟的食品法规制定了一般性原则和要求，建立了欧洲食品安全机构并规定了食品安全事务的管理程序。

其中，欧盟 RASFF 对华食品通报近期增速较快。2006 年至 2011 年 9 月，欧盟 RASFF 对中国产品共发布 2 316 项通报，比 1980—2005 年对华产品通报数（860项）增长 169.3%。2006—2008 年，RASFF 对华产品通报数呈现上升态势，并于2008 年达到历史最高，共 500 项。2008 年之后，RASFF 对华产品通报数略有下降，但除 2009 年外，其余年份的通报数均超过年度平均通报数，仍维持高位。

例如，根据欧盟食品和饲料委员会发布的 2012 年第 39—43 周（连续一个月）通报，共 205 项，针对中国输欧产品 36 项（不包括对香港地区和台湾地区的通报），占欧盟通报总数的 17.56%。2012 年 11 月 12 日，欧盟食品和饲料委员会发布了 2012 年第 40 周通报，共 46 项，见表 3-12。其中，针对中国输欧产品 11 项（不包括对香港地区和台湾地区的通报），占欧盟通报总数的 23.9%。

表 3-12　　　　　　　　　2012 年第 40 周欧盟委员会对华进口通报

1. 对华预警通报

通报时间	通报国	通报产品	编号	通报原因	措　施
2012-10-01	英国	公勺	2012.1378	初级芳香胺的迁移（0.097mg/kg-ppm）	尚未获得销售信息/无措施

2. 对华信息通报

通报时间	通报国	通报产品	编号	通报原因	措　施	备注
2012-10-01	英国	冷冻凤尾鱼（large chilled dried anchovies）	2012.1379	过高的镉含量（1.01mg/kg-ppm）	销售限于通报国/拒绝进口	信息关注
2012-10-02	英国	尼龙笊篱	2012.1394	初级芳香胺的迁移（8880：301：164μg/kg-ppb）	销售限于通报国/撤出市场	信息关注
2012-10-04	英国	干枸杞	2012.1401	未申报的亚硫酸盐（5,9,23,38,109,120mg/kg-ppm）	销售至其他国家/召回	信息关注
2012-10-05	意大利	刀具	2012.1402	铬物质迁移（5,40mg/kg-ppm）	销售限于通报国/撤出市场	信息关注

3. 对华拒绝进口通报

通报时间	通报国	通报产品	编号	通报原因	措　施
2012-10-01	荷兰	虾卵面（shrimp egg No.odles）	2012.BYI	过高的铝含量（15.6mg/kg-ppm）	无销售/拒绝进口
2012-10-01	葡萄牙	藻类	2012.BYJ	过高的铝含量（153mg/kg-ppm）	无销售/销毁
2012-10-01	葡萄牙	藻类	2012.BYK	过高的铝含量（272mg/kg-ppm）	无销售/销毁
2012-10-01	葡萄牙	藻类	2012.BYL	过高的铝含量（280mg/kg-ppm）	无销售/销毁
2012-10-02	荷兰	面条	2012.BYT	非法转基因（CrylAb/CrylAc）	无销售/官方扣押
2012-10-03	意大利	厨房用具	2012.BYV	过高的迁移总量（350.15mg/dm^2）	无销售/拒绝进口

资料来源：中国技术性贸易措施网，http://www.tbt-sps.gov.cn；欧盟食品和饲料委员会对华通报（2012 年第 40 周）。

　　欧盟仍然在不断地制定并通过关于农产品的新的技术标准和法规。2012 年 10 月 1 日，欧盟委员会通过两部新的关于食品调味剂的法规——（EU）No. 872/2012 和（EU）No. 873/2012。此次通过的两部法律在欧洲统一大市场内对食品添加剂进行明确分类，强化食品添加剂安全性并提高其透明度。（EU）No. 872/2012 包含一个新的可以在食品中使用的调味剂肯定清单，这一法规于 2012 年 10 月 22 日生效，自 2013 年 4 月 22 日开始实施。肯定清单列出了欧盟范围内所有可以使用的食品添加剂，只有列入肯定清单中的添加剂才可以在食品工业中使用，所有没有列入肯定清单的食品调味剂都将在 18 个月的过渡期后被完全禁止。新的肯定清单包含 2 100

种可合法使用的添加剂，还有 400 种在欧盟食品安全监管局审查完毕之前将继续在市场流通。（EU）No. 873/2012 则对其他调味剂例如用非食品原料制成的调味剂，提供了过渡性措施，以便于随后进行评估和授权，该法规自 2012 年 10 月 22 日生效使用。因此，我国企业要时刻关注欧盟的动态，积极采取有效措施，减少不必要的损失。

（二）我国农食产品遭遇技术性贸易壁垒概况——以 2012 年为例

2012 年，共收集到美国、日本、欧盟、韩国和加拿大相关机构扣留（召回）我国出口不合格农食产品类 1 787 批次，较 2011 年的 1 628 批次增加了 159 批次，见表 3-13。其中，美国食品和药品管理局扣留我国不合格农食产品类批次最多，达 756 批次，较 2011 年的 620 批次增长了 136 批次；其次为欧盟食品和饲料委员会，召回 333 批次，基本上与 2011 年的 332 批次持平；韩国农林部下属国立兽医科学检疫院扣留 270 批次，较 2011 年的 307 批次减少了 37 批次；日本厚生劳动省扣留 196 批次，较 2011 年的 213 批次减少了 17 批次；加拿大食品检验署召回 57 批次，较 2011 年的 85 批次减少了 28 批次；韩国食品药物管理局扣留 175 批次，较 2011 年的 71 批次增加了 104 批次。

表 3-13　　　2011 年和 2012 年我国出口农食产品类被扣留（召回）情况

发布国家/组织	发布机构	2011 年	2012 年	增长情况
美国	美国食品和药品管理局	620	756	136
欧盟	欧盟食品和饲料委员会	332	333	1
韩国	韩国农林部下属国立兽医科学检疫院	307	270	-37
日本	日本厚生劳动省	213	196	-17
加拿大	加拿大食品检验署	85	57	-28
韩国	韩国食品药物管理局	71	175	104
总计		1 628	1 787	159

资料来源：根据中国技术性贸易措施网《2012 年国外扣留（召回）我国出口产品情况分析报告》编制。

1. 产品类别分析

2012 年，美国、日本、欧盟、韩国和加拿大相关机构扣留（召回）我国出口不合格农食产品类 1 787 批次，如图 3-2 所示，其中位列前三位的产品为：水产及制品类 347 批次，较 2011 年的 433 批次减少了 86 批次；蔬菜及制品类 255 批次，较 2011 年的 211 批次增加了 44 批次；肉类 224 批次，较 2011 年的 239 批次减少了 15 批次；其他产品被扣留（召回）情况见图 3-3。

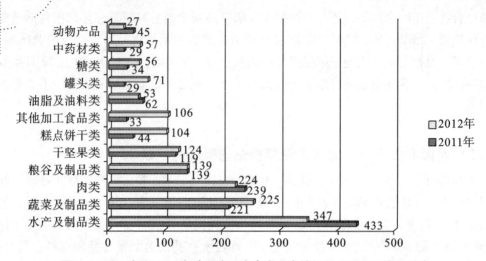

图 3-3　2011 年和 2012 年我国出口农食产品类被扣留（召回）产品种类

资料来源：根据中国技术性贸易措施网《2012 年国外扣留（召回）我国出口产品情况分析报告》绘制。

2. 原因分析

2012 年，美国、日本、欧盟、韩国和加拿大相关机构扣留（召回）我国出口不合格农食产品类 1 787 批次，扣留（召回）原因（见图 3-4）位列前三位的是：品质不合格 306 批次，较 2011 年的 296 批次增加了 10 批次；农兽药残留不合格 268 批次，较 2011 年的 261 批次增加了 7 批次；非食用添加物 248 批次，较 2011 年的 72 批次增加了 176 批次。

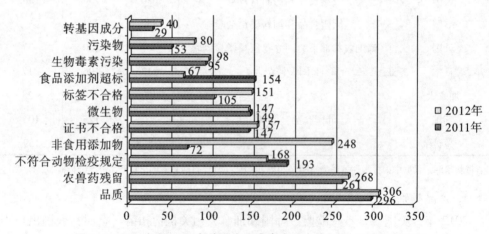

图 3-4　2011 年和 2012 年我国出口农食产品类被扣留（召回）原因

资料来源：根据中国技术性贸易措施网《2012 年国外扣留（召回）我国出口产品情况分析报告》绘制。

2012 年我国出口不合格农食产品类被扣留（召回）的原因具体是：水产品及其制品被扣留（召回）的主要原因是品质不合格、微生物污染和农兽药残留不合格，其中：由于品质不合格被扣留（召回）的产品 111 批次，较 2011 年的 170 批次减少了 59 批次；由于微生物污染被扣留（召回）的产品 64 批次，较 2011 年的 68 批次减少了 4 批次；由于农兽药残留不合格被扣留（召回）的产品 46 批次，较 2011 年的 123 批次减少了 77 批次；由于含有非食用添加物被扣留（召回）的产品 38 批次，较 2011 年的 2 批次增加了 36 批次。蔬菜及制品类被扣留（召回）的主要原因是农兽药残留不合格、品质不合格、微生物污染和食品添加剂超标，其中：由于农兽药残留不合格被扣留（召回）的产品 81 批次，较 2011 年的 71 批次增加了 10 批次；由于品质不合格被扣留（召回）的产品 70 批次，较 2011 年的 26 批次增加了 44 批次；由于微生物污染被扣留（召回）的产品 35 批次，较 2011 年的 24 批次增加了 11 批次；由于食品添加剂超标被扣留（召回）的产品 21 批次，较 2011 年的 43 批次减少了 22 批次。

2012 年我国出口水产品及其制品中被扣留（召回）批次最多的产品为鱼产品，被扣留（召回）的主要原因是品质不合格；蔬菜及制品类被扣留（召回）批次最多的产品为蔬菜及制品，被扣留（召回）的主要原因是农兽药残留不合格；肉类被扣留（召回）批次最多的产品为禽肉及其制品，被扣留（召回）的主要原因是证书不合格。下面主要对欧盟对我国采取的技术性贸易壁垒概况进行阐述。

（三）欧盟食品和饲料委员会召回我国出口不合格农食产品情况
——以 2012 年为例
1. 产品类别分析

2012 年，欧盟食品和饲料委员会召回我国出口不合格农食产品 333 批次，基本上与 2011 年的 332 批次持平。其中，位列前三位的产品为：粮谷及制品类 68 批次，较 2011 年的 76 批次减少了 8 批次；干坚果类 48 批次，较 2011 年的 63 批次减少了 15 批次；油脂及油料类 29 批次，较 2011 年的 45 批次减少了 16 批次。

2. 原因分析

2012 年欧盟食品和饲料委员会召回我国出口不合格农食产品 333 批次，其中，召回原因位列前三位的是：生物毒素污染 68 批次，较 2011 年的 71 批次减少了 3 批次；农兽药残留不合格 66 批次，较 201 1 年的 25 批次增加了 41 批次；转基因成分 38 批次，较 2011 年的 28 批次增加了 10 批次。被召回的其他原因见图 3-5。

2012 年欧盟食品和饲料委员会召回我国出口不合格农食产品类原因主要是：粮谷及制品类被召回的主要原因是含有转基因成分和污染物超标，其中：由于含有转基因成分被召回的产品 33 批次，较 2011 年的 27 批次增加了 6 批次；由于污染物超标被召回的产品 22 批次，较 2011 年的 34 批次减少了 12 批次。干坚果类被召回的主要原因是生物毒素污染和品质不合格，其中：由于生物毒素污染被召回的产品 39 批次，较 2011 年的 23 批次增加了 16 批次；由于品质不合格被召回的产品 5 批次，较 2011 年的 28 批次减少了 23 批次。油脂及油料类被召回的主要原因是生物毒素污染，由于生物毒素污染被召回的产品 25 批次，较 2011 年的 39 批次减少了 14 批次。

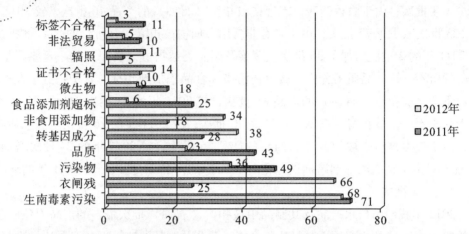

图 3-5   2011 年和 2012 年欧盟食品和饲料委员会召回我国出口不合格农食产品原因

资料来源：中国技术性贸易措施网《2012 年国外扣留（召回）我国出口产品情况分析报告》。

由此可见，2012 年我国出口粮谷及制品类中被欧盟召回批次最多的产品为粮食制品，被召回的主要原因是转基因成分和污染物超标；干坚果类被召回批次最多的产品为干果，被召回的主要原因是生物毒素污染。

3. 出口警示

2011 年和 2012 年，欧盟食品和饲料委员会召回我国部分出口不合格农食产品批次变化比较明显，需要特别注意的是：

（1）粮谷及制品类由于含有转基因成分被召回的批次有所增加，由于污染物超标被召回的批次显著减少。

（2）干坚果类被召回 48 批次，较 2011 年的 63 批次下降 15 批次，其中由于生物毒素污染被召回的批次明显增加，由于品质不合格被召回的批次明显减少。

（3）油脂及油料类被召回 29 批次，较 2011 年的 45 批次下降 16 批次，其中由于生物毒素污染被召回的批次明显减少。

（4）水产及制品类由于不符合储运规定被召回的批次明显增加。

（5）茶叶类被召回 35 批次，较 2011 年的 5 批次增加 30 批次，其中由于农兽药残留不合格被召回的批次明显增加。

第四章 欧盟食品安全法规下的食品贸易案例分析

● 一、欧盟食品安全事件

从 20 世纪末到 21 世纪初，欧盟是全球食品安全危机高发地区之一，疯牛病牛肉、李斯特杆菌肉制品、变质饮料和受污染巧克力等事件层出不穷，严重暴露了欧盟食品安全政策的缺陷。

（一）接连不断食品安全危机

首先要提的就是曾经震惊世界的疯牛病引发的病牛肉危机事件。1986 年，英国就开始发生疯牛病。1996 年 3 月，英国政府宣布新型克雅氏病患者与疯牛病有关，整个英国乃至欧洲"谈牛色变"，短短几个月中，欧盟多个国家的牛肉销售量下降了 70%。2001 年，新一轮疯牛病相继在法国、德国、比利时、西班牙等国发生，欧盟各国的牛肉及其制品销售遭受重创，35 万名工人失业，政府为此承受每年上百亿欧元的经济损失。疯牛病不仅影响了欧洲居民的食品安全和生活消费习惯，还制造了严重的公共卫生危机，英国、法国、荷兰、西班牙和葡萄牙等国相继发现该病传染患者，并不断出现死亡病例，仅在英国就有 120 多人死于该病。由于该病发病潜伏期较长，有专家预测此后 10~30 年受此影响的死亡人数会成倍增长。

1999 年，比利时维克斯特饲料公司把被二噁英污染的饲料出售给上千家欧洲农场和家禽饲养公司，造成欧盟生鲜肉类和肉类深加工产品的重大污染，整个欧洲陷入极大恐慌之中，包括美国在内的许多国家都禁止从欧盟进口肉类产品。然而，一波未平，一波再起。比利时 150 多名儿童因喝了受污染的灌装可口可乐而出现严重不适症状，卢森堡、荷兰也发现了类似的问题饮料，三国政府下令撤下所有正在销售的可口可乐；2000 年年初，法国古德雷食品公司生产的熟肉酱和猪舌中发现含有致命的李斯特菌；2001 年 9 月，英国和爱尔兰等国相继爆发了口蹄疫，危机持续了11 个月，欧盟国家肉类市场全面萎缩，饲养户和商场损失惨重，消费者再次陷入恐慌中；之后，英国再次受到口蹄疫情威胁；2006 年，世界著名巧克力食品企业英国吉百利公司因管道泄露导致清洁设备污水污染了巧克力，使 42 人因食用被沙门氏菌污染的巧克力而发生食物中毒，公司紧急在欧盟和全球范围内召回上百万块巧克力。

（二）食品安全危机频出原因分析

标榜拥有世界上最严格食品安全制度的英法等西欧发达国家，为何会频频出现食品安全危机呢？在危机爆发后，又为何不能有效控制危机、最大限度地减少损失？灾难过后，欧盟委员会和成员国政府进行了深刻的反思与检讨，公众也以空前热情参加了讨论。几次食品安全危机的表面原因在于欧盟国家现有的食品安全监督措施出现了漏洞，原有的制度只关注终端上市产品，严重忽视了产品的原料安全、动物自身防疫安全和生产过程安全。但深层次分析，是欧盟的食品安全政策和体制出现了问题，最终导致食品安全事件频频爆发，从小事故演变成大危机。

欧盟食品安全体制存在的主要问题在于：

1. 欧盟缺乏一部所有成员国必须共同遵守的食品安全政策法规

危机爆发时，各成员国都按照本国的食品安全法律处置，欧盟委员会由于职权领域范围的限制和缺乏行之有效的政策指导工具，根本无法、也无力采取任何实质性措施，导致欧盟内部出现各成员国各自为战、单打独斗的混乱局面。

2. 欧盟缺乏一个统一的食品安全管理事务机构

各成员国自行处理相关问题，无法有效互通情况、采取共同的应对措施。同时，各国食品卫生和科研机构之间没有建立密切协作的合作网络，无法分享有关成果和经验。

3. 欧盟缺乏一部统一的食品安全危机应急处理与预警分析的行动机制

20 世纪 70 年代后期，欧盟逐步开始在其成员国中间建立一些食品安全信息快速反应的措施，但在实际操作上，由于法律的严格限制和欧盟一体化不断扩大的因素，这些措施覆盖面有限，不能发挥其应有作用。

4. 欧盟缺乏一个统一、透明和公开的食品安全信息发布平台和交流渠道

在危机出现时，有的成员国出于政治选举、经济发展等利益考虑，故意隐瞒真相、封锁信息，有的国家为采取贸易保护措施，有意夸大危机爆发国的食品危机后果，导致公众无法掌握真实情况。同时，欧盟没有建立与消费者公开对话、相互沟通信息的管道，导致市场利益集团、非政府组织、公民社团和普通民众无法得知真

实信息，对欧盟和成员国政府怨声载道。

食品安全危机使广大公众产生了巨大的恐慌心理，对成员国政府产生了极大的不信任，对欧盟单一市场建设和欧洲一体化前景深感失望。欧洲一体化50年取得的巨大成就，在重重食品危机下面临被全面颠覆的危险。

（三）构建完善的食品安全体系

欧盟委员会在反思、检讨和总结经验教训的基础上，开始构建统一完善的食品安全体系。

1. 制定了一套统一、完善和操作性强的食品安全法规

欧盟对原有的相关制度进行了改革，2006年1月，又颁布实施了新的《欧盟食品及饲料安全管理法规》。新法规涵盖了"从农田到餐桌"的整个食物链，实现了从最初级原料、生产加工环节、终端上市产品到售后质量反馈的无缝隙衔接，对食品添加剂、动物饲料、植物卫生、农药残留物、转基因生物、食品链污染和动物卫生等易发生食品安全问题的薄弱环节进行了重点监督。新规大大提高了食品市场准入的标准，增加了食品安全的问责制，强化了对不合格产品的召回制度，更加注意食品生产过程的安全。法规要求所有成员国必须无条件遵守，如有不符合要求的产品出现在欧盟市场上，无论是哪个成员国生产的，一经发现立即取消其市场准入资格。法规对欧盟以外的国家生产的食品也做了明确规定，所有进口食品的安全与质量必须满足欧盟食品法规的要求，否则不准进入欧盟市场。

2. 成立了欧洲食品安全管理局（EFSA）

该机构于2002年组建，2005年在意大利正式挂牌成立。欧洲食品安全局的职责范围很广，统一负责欧盟境内所有食品的相关事宜，负责监督整个食品链安全运行，根据科学证据做出食品危机风险评估。欧盟食品安全管理局牵头建立一个与成员国有关机构进行紧密协作的网络，下设专家委员会和科学小组，为制订政策和法规提供依据。

3. 建立快速反应的预警系统

欧盟于2002年对原有的预警系统做了大幅调整，实施了欧盟食品和饲料快速预警系统。它是一个连接欧盟委员会、欧洲食品安全管理局以及各成员国食品与饲料安全主管机构的网络。系统明确要求各成员国相关机构：必须将本国有关食品或饲料对人类健康所造成的直接或间接风险，以及为限制某种产品出售所采取措施的任何信息，都通报给欧盟快速报警体系。系统将收到的有关信息整理编研后，按照相应程序上报欧盟委员会，转发欧盟有关部门，通知预警体系内的其他成员。一旦发现来自成员国或者第三方国家的食品与饲料可能会对人体健康产生危害，而该国又没有能力完全控制风险时，欧盟委员会将启动紧急控制措施。该系统运转后，发出了大量信息通报，内容不断深化，数量逐年增加，2005年达到了近7 000条信息，

比较有效地实现了对食品和饲料安全的监测预警。

4. 欧盟积极加强与消费者的沟通，建立了及时快捷的信息发布制度

信息经过认真审核和合理评估，以诚实负责的态度向消费者说明情况，并告之欧盟所采取的与风险规模相适应的措施，提醒消费者注意加强自我保护。信息交流方面积极欢迎非政府组织和普通公众的参与与互动。此外，欧盟还加强了与联合国有关组织、环欧接壤地区以及美国与中国等食品生产和消费大国的国际合作。欧盟食品安全管理局就地中海区域的食品安全问题与有关国家和组织举行了国际研讨会，又与美国食品与药物管理局签署了双方合作协议，近期以来也明显加强了与中国有关部门的密切联系，表示要本着合作和不敌对的态度来处理相关食品安全问题。

● 二、案例 1："毒鸡蛋"事件

在许多国家，"毒鸡蛋"已经变身成为各类加工食品流入市场，有些甚至已经被消费者食用。

据法新社报道，丹麦总共查出 20 吨"毒鸡蛋"，均进口自比利时。此外，罗马尼亚查出 1 吨"毒鸡蛋"；斯洛伐克查出 21 箱"毒鸡蛋"。德国食品和农业部说，至少有 1 000 万枚"毒鸡蛋"从荷兰运进德国。英国方面表示，从荷兰涉案农场进口的鸡蛋多达 70 万个，远超过先前 2.1 万个的预计，不过眼下尚不清楚这些鸡蛋中有多少存在问题。法国方面说，自 4 月以来总共售出大约 25 万个"毒鸡蛋"，其中 19.6 万个从比利时进口，4.8 万个从荷兰进口。

不仅如此，在许多国家，"毒鸡蛋"已经变身成为各类加工食品流入市场，有些甚至已经被消费者食用。

（一）从氟虫腈说起

"毒鸡蛋"曝光这个事，要"归功"于德国。根据德国农业部 2017 年 8 月 3 日公布的信息，当局从进口自比利时和荷兰的鸡蛋中检测出了氟虫腈。随后，欧洲多国相继曝出"毒鸡蛋"丑闻：检测显示，鸡蛋里的氟虫腈含量超标。

氟虫腈是用来杀灭跳蚤、螨和虱的杀虫剂，被世界卫生组织列为"对人类有中度毒性"的化学品。人若大剂量食用可致肝、肾和甲状腺功能损伤。

欧盟法律规定，氟虫腈不得用于人类食品产业链的畜禽养殖过程，每千克食品中的氟虫腈残留不能超过 0.005 毫克。就目前权威机构的检测结果表明，此波"毒鸡蛋"对人体造成的危害并不大。德国食品和农业部下属的联邦风险评估机构称，目前鸡蛋中检测出的氟虫腈含量较低，对成年人不构成威胁，但可能危害儿童身体健康。法国国家卫生安全署公布综合评估结果显示，这些"毒鸡蛋"对人类健康构

成的威胁"非常低"。该机构还计算出不同人群一次性食用"毒鸡蛋"而不造成严重健康危害的"最大安全数量"。结果显示，以每千克鸡蛋中含 1.2 毫克氟虫腈（与此次欧洲"毒鸡蛋"风波中荷兰和比利时问题鸡蛋中测出的氟虫腈最高浓度相近）为标准，体重约 70 千克的成人一次性食用小于等于 10 枚受污染鸡蛋，不会对健康造成威胁；年龄在 1~3 岁的儿童一次性进食受污染鸡蛋的"安全上限"则是小于等于 1 枚。

尽管评估机构给出的结论相对乐观，但这丝毫不能使消费者感到安心。荷兰、比利时和德国的很多消费者在网上留言表示，过去一年来，他们可能已经大量食用了这些有毒鸡蛋，他们非常害怕自己的健康受到损害，而且担心鸡肉是不是也被污染，希望有关部门能够尽早给出明确说明。

目前，"毒鸡蛋"已通过荷兰流入了中国香港。中国内地尚未从欧盟进口禽蛋产品，所以中国内地消费者目前不必担心欧洲"毒鸡蛋"。

国家质检总局表示：我国对进口禽蛋及其产品实施严格的检验检疫准入管理，目前包括荷兰在内的欧盟各成员国的新鲜禽蛋和禽蛋产品均尚未获得检验检疫准入资格，不能向我国出口，请中国境内消费者不必为此担心。

（二）震动半个欧洲

欧洲已有至少 16 个国家发现了"毒鸡蛋"，涉及比利时、荷兰、德国、法国、瑞典、英国、奥地利、爱尔兰、意大利、卢森堡、波兰、罗马尼亚、斯洛伐克、斯洛文尼亚、丹麦和瑞士。欧洲多国已经开始对"毒鸡蛋"事件进行调查，对部分涉及此次事件的鸡蛋和鸡蛋制成品进行了下架和召回处理。

一个比利时人说："以前一直认为欧洲的食品很安全，可是自从曝出马肉丑闻之后，很多人就对欧洲食品安全的信心降低了，这次毒鸡蛋事件更是让消费者不敢再对欧洲的食品放心了。"

"吃个鸡蛋都不能让人放心，还能指望其他食品安全可靠？"

小小一颗鸡蛋就能引得半个欧洲不得安宁，这与欧洲各国密切的贸易关系和集中的生产体制密不可分。作为世界上最大的鸡蛋出口国，荷兰有 2 000 多家禽蛋农场，每年鸡蛋净出口 60 多亿枚，许多国家都进口荷兰鸡蛋。这次"毒鸡蛋"风波起源于荷兰一家名为"鸡之友"的公司使用含氟虫腈的杀虫剂为禽类除虱。这是一家为农场提供杀虫服务的专业公司，该公司的客户不仅包括荷兰的 180 家农场，还涉及法国、英国、德国和波兰等多国的农场。而它所使用的杀虫剂是由另一家比利时企业供货。比利时和荷兰已对此事启动刑事调查，在多项联合突击搜查行动中，从一家荷兰企业逮捕了两名嫌疑人。

出了波及范围这么广的食品安全事件，家禽养殖业肯定不能幸免。荷兰食品与消费品安全管理局证实，现阶段已有 138 家农场被关停，另有 59 家农场产的鸡蛋

"儿童不宜食用"。荷兰农业园艺组织说，已有 30 万只受污染母鸡被扑杀，另有数百万只母鸡可能需要被扑杀。此次"毒鸡蛋"风波无疑将使荷兰家禽养殖业遭到重创，直接经济损失将达到数百万欧元。

（三）各国大打口水仗

2017 年 7 月 20 日、26 日和 31 日，比利时、荷兰以及德国分别将"毒鸡蛋"污染事件报告欧盟食品和饲料快速预警系统。虽然比利时最早报告此事，但比利时食品安全局 8 月 5 日证实，他们早在 6 月初就已知晓相关情况，只不过因检方调查未予公开。这可就是严重的"知情不报"了，比利时食品安全局自然招致了各方猛烈的抨击，食品安全局到底在隐瞒什么？他们的解释是：由于检测出的氟虫腈含量远低于警戒水平，因此当时并未要求下架问题鸡蛋，只是禁止个别禽类制品生产商继续供货；而且，比利时缺少有资质的氟虫腈检测机构，只得将相关取样交给了荷兰相关机构，进而导致行动迟缓。

2017 年 8 月 9 日，在比利时议会听证会上，比利时农业大臣德尼·迪卡姆直接将拖延的责任推给了荷兰：荷兰早在去年 11 月就发现鸡蛋中氟虫腈超标一事，而且比利时早在 6 月 26 日就要求荷兰提供其境内可能存在问题的氟虫腈供货企业情况，结果荷兰 7 月 13 日才给予反馈，因此延误了时机。

荷兰食品安全监管部门负责人罗博·范·林特马上出来反驳：2016 年 11 月并没有发现威胁到食品安全的情况。但同时他也承认，相关机构 2016 年 11 月的确收到过匿名信，指出有使用危害性较强杀虫剂的情况。"球"又被踢回到了比利时这边，而且比利时貌似嫌疑最大。

比利时食品安全局 7 日曾发表公报称，问题鸡蛋中氟虫腈含量仅为 0.076 毫克/千克，远低于欧盟提出的 0.72 毫克/千克限额；8 日，该机构公布的该批鸡蛋复检结果显示，氟虫腈含量达到 0.92 毫克/千克。专业人士认为，对于同一样品的不同次检查，10%左右的误差是可以的，但 1 000%的误差着实令人匪夷所思！

比利时鲁汶大学病毒学教授艾尔弗雷德·贝尔纳表示："该事件说明整个检测体系存在问题。既然检测结果可能存在如此巨大的误差，那么相关食品安全边界就荡然无存，这势必增加人们的疑虑与恐慌。"

而荷兰与比利时互相"甩锅"，显然加重了人们心头的阴霾。2017 年 8 月 11 日，主管卫生与食品安全的欧盟委员维特尼斯·安德柳凯蒂斯出来"劝架"，呼吁比利时、荷兰等国停止"口水仗"。他表示，欧盟将召集一次紧急会议，商议如何应对"毒鸡蛋"事件。据法新社 11 日报道，欧盟各国部长暂定于 9 月底前召开会议应对"毒鸡蛋丑闻"。

（四）问题究竟出在哪？

按理说，欧洲的食品安全体制已经相当成熟。无论是法律法规，还是检查手段，都堪称世界一流。向欧洲出口鲜虾的泰国商人这样说：能经得住欧洲的食品检验，就一定能符合全世界任何地方的标准。事实上，欧盟许多管理机制不可谓不严格、不成熟。就拿这次让欧洲食品安全体系蒙羞的鸡蛋来说，每个鸡蛋上都印有一串编号，就像是鸡蛋的"身份证"，根据它就可查出鸡蛋来自哪国、哪地、哪个饲养场、哪个鸡笼、母鸡饲养状况如何、是草鸡蛋还是普通饲养鸡蛋（分类从 0 到 3），等等。正是因为有这些"身份证号"，此次事件中，各国才能迅速确定"毒鸡蛋"的数量，迅速追寻"毒鸡蛋"问题的源头。

但在这样"层层把关"的安检体制下，还是出现了"毒鸡蛋"这样的"漏网之鱼"，问题究竟是出在哪？就比利时拖延上报一事，欧盟委员会发言人米娜·安德烈耶娃说：欧盟食品和饲料快速预警系统首先需要成员国报告相关信息，这样，欧盟委员会才能将这一信息通报所有成员国。然而，欧盟委员会直到 7 月 20 日比利时报告这一情况时才知晓此事。

上面提到的欧盟"食品和饲料快速预警系统"，主要的职能是及时通报各成员国国内由于食品不符合安全要求、标识不准确等原因引起的各种风险，进而保护消费者免受食品安全威胁，促进欧盟成员国及欧盟委员会之间的风险信息交流。一个成员国若获得相关信息，有责任迅速做出判断并及时通报欧盟委员会。欧盟委员会另一名发言人安娜-凯萨·伊特科宁说，如有成员国未能及时将信息报告快速预警系统，则违反相关法规，欧盟将启动相关法律程序。但是，她同时强调，比利时目前并不属于这种情况。

分析人士认为，本次"毒鸡蛋"事件表明，欧盟的统筹协调机制存在漏洞。欧盟应确保信息在成员国间能够及时有效共享，并完善各成员国相关技术水平、更好地保障消费者权益，而不是等到出现问题就相互推卸责任。

尽管欧盟委员会一名发言人此前强调称，涉事农场已经被锁定，相关鸡蛋也被封存，"局面已得到控制"。但很多欧洲民众表示，在这次毒鸡蛋事件过程中，荷兰有关部门不仅监管缺位，而且对公众健康不负责任，在强大的舆论压力下才彻底公布这一丑闻。如果欧盟不能从这次丑闻中吸取教训并采取更加有力的措施，欧洲食品安全前景堪忧。

（五）永远不能掉以轻心

事实上，近年来欧洲食品安全问题层出不穷：二噁英"毒饲料"事件、"毒豆芽"事件、面包店老鼠屎事件、"马肉丑闻""毒草莓"，还有正在调查中的"毒鸡蛋"事件。一向让人觉得安全又放心的欧洲食品仿佛也不是那么安全。

透过这些事件，我们必须得到教训：

第一，食品安全监管没有终点。

经过一系列的改革，欧盟在食品安全保障方面的进展比较顺利。但是，制度的合理运转有赖于持之以恒的监管和从不放松警惕的自觉，毕竟食品安全无小事。

一方面，欧盟对于食品安全的"上心"已经被其他热点议题所挤压，食品规制方面的欺诈和营养问题更为紧迫，而有关食品立法的简化也致力于平衡安全保障和规制减负。另一方面，随着数字经济的发展，欧盟关注的焦点也被互联网的议题"俘获"，这意味着更多的资源将投向于此。无疑，这也是一种优先经济发展的思路。

因此，此次的"毒鸡蛋"事件是一记适宜的警钟，即便疯牛病危机过去了20年，食品安全问题并不会因为生活的改善、规制的改进而退出历史舞台。

第二，食品安全监管过程复杂。

首先，这种复杂性体现在跨国食品贸易对于监管的挑战。尽管欧盟是一个相对统一的联合体，且食品立法也是直接从欧盟层面进行。但是，具体的官方监管依旧由各成员国负责。因此，"异域"食品的可控性相对低，这也给各成员国的进口监管带来了挑战，并凸显跨国跨地域的行政合作必要性。

其次，农业、食品、环境、健康等不同议题之间的关联十分复杂，这需要对食品安全有系统性认识，以及强化部门监管之间的合作。一如此次事件中所表明的，农业环境的污染可能通过迁移污染食品，其中的有害物质最终会因为消费而危害人类健康。对此，加工类食品因为厂房条件的有限性而易于控制，但是农业环境的开放性则受更多不稳定因素的影响，因而所谓食品安全的源头治理更需要多部门合作，包括农业政策中考虑健康相关的要素。

最后，食品产业链错综复杂，一如鸡蛋不仅仅是直接食用的农产品，也是很多加工食品的原材料，因此，"毒鸡蛋"产生的安全问题不限于鸡蛋这种产品本身。比如，中国没有进口"毒鸡蛋"，避免了此次危机，但许多网购消费者可能需要警惕那些以"毒鸡蛋"为原料的海淘食品。

第三，预防和应对一样重要。

尽管预防为主是食品安全治理的一个重要原则，但是危机应对也是不可或缺的工作，而日常的应急准备可以在危机发生时迅速且有效地控制、消减其所带来的风险。毕竟就风险而言，没有零风险的概念，时刻准备才是正确的应对方式。然而，制度本身并不是孤立的，欧盟的经验也表明了有效的危机应对有赖于追溯制度和召回制度。此外，风险交流也是必要的，以确保公众了解事态的发展和官方控制风险的努力。然而，这一事件也同样反映出举报制度和检测制度即便可以助力食品安全，也存在一些问题。例如，举报制度的证据问题和官方核实，检测能力对于食品安全的制约，后者是指比利时自称没有检测氟虫腈的能力，因此需要外援而耽误了时机。这在食品安全实务中是不争的事实和挑战，在需要外地援助或者没有检测手段的情形下，如何定性问题和跟进监管值得反思。

三、案例2：美国与欧盟之间的转基因食品贸易关系

欧盟自1998年实行对生物工程类农产品推迟审批的非正式贸易限制。2003年5月，美国在世贸组织上对欧盟提出起诉，抗议欧盟这一政策。欧盟这一事实上的贸易限制使美国向欧盟国家的小麦出口大幅度减少。据报道，这一贸易限制每年在谷物出口上使美国的种植损失约3亿美元。且欧盟又通过了新的"标示与监管法"，这一新的立法议案对转基因食品的限制更加严格。

由于美国和欧盟在香蕉和牛肉出口以及钢材制品关税问题上的分歧，双方的贸易关系本已不和，此次美国在世贸组织上的起诉和欧盟的新立法议案使这种关系更加紧张。

（一）背景情况

1. 转基因食品在欧洲的历史

我们只要看一下欧洲人看待食品的历史和文化背景，就不难理解为什么欧洲人如此关注食品卫生，并对负责食品卫生的管理者满腹狐疑。从历史上看，欧洲人与他们吃的食物的关系比美国人要紧密得多。

欧洲的消费者，特别是英国的消费者，已经由于接二连三的食品安全危机而对食品供给上的任何变化都变得异常敏感，而且也不再信任政府对食品安全的管理机构。虽然这几次食品安全危机并不是由于转基因食品引起的，但人们在安全上对转基因食品的怀疑程度已经相当高了。

这几次食品安全危机中最严重的一次是20世纪90年代发生在英国，之后蔓延到整个欧洲的"疯牛病事件"（BSE）。"疯牛病"是一种能导致奶牛大脑功能退化的传染性疾病。英国人认为奶牛患上此病是由于它们所吃的饲料中掺有患有痒病的羊的脑组织（人们对"疯牛病"的传染机理至今仍知之甚少）。

英国的食品卫生当局一开始称"疯牛病"只存在于牛身上，不会在人类食用患病牛肉后传染给人类。但是1996年，科学家发现，一种致命的导致脑功能退化的人类疾病（称为"Creutzfeldt-Jacob"病，简称为CJD）与患者食用过患有"疯牛病"的牛身上的肉有关。

政府方面一开始不承认研究的结果，极力宣称"疯牛病"与在人类身上发现的同类疾病没有什么联系。但不久后英国政府不得不承认二者之间的联系，并采取严厉措施来保护人类和牲畜的健康，其中就包括宰杀并焚化处理450万头肉牛和奶牛以防治疾病扩散。尽管如此，英国政府还是由于行动过缓，没有将疾病的实际危害告知民众而受到批评。

此次事件的影响是巨大的，它使英国的牛肉市场受到重创。整个欧洲的电视新

闻中全是人们因 CJD 而惊慌失措和成千上万头病牛被焚化的画面，特别是当欧洲其他国家也发现"疯牛病"的时候。

"疯牛病"到底对人类健康有多大危害？这是个人们极为关注的问题，但现在下结论还为时尚早。据估计，这种传染病于 1992 年至 1993 年间出现在牛类身上。由于人们还不清楚这种疾病的潜伏期有多长，现在很难预测到底有多少人在"疯牛病"爆发期间染病。英国传染病学家曾经估计，在英国每年因 CJD 而死亡的人数最多为一百人，在未来几十年历史预期的患者人数也就有几千人；不过有种极端的说法称在今后几十年里将有超过十万人死于此病。尽管如此，随着人们对这种传染病及其影响民众程度的认识不断加深，科学家们一致认为"疯牛病"对人类的影响仍是个未知数。

"疯牛病"事件之后又发生了几起食品与农业危机，引起了世人的广泛关注，其中包括比利时的肉类制品中发现"二噁英"，以及席卷整个欧洲的"口蹄疫"。在几次事件的共同影响下，"疯牛病"危机极大地挫伤了消费者对政府保证食品卫生能力的信心。一次最近的欧洲民意调查显示，受调查的欧洲人中只有 14% 称仍然相信国家政府机构会在生物工程产品问题上对民众说实话。

以转基因作物为原料的食品和饲料是从 1996 年开始进入欧洲市场的。当时包括英国在内的各国政府都非常支持农业生物工程技术。在很多人看来，英国政府的科学家们对转基因作物安全性的保证与他们在"疯牛病"问题上曾做出的保证如出一辙。欧洲的报纸杂志上连篇累牍的刊登对环保团体、消费者权益团体和科学界的批评认识的采访，提醒人们注意此类产品可能给环境和健康带来不为人所知的危害。敏感的欧洲消费者很快对其表现出了担忧。

2. 美国与欧盟之间关于转基因食品的贸易

若把销售与服务加在一起，美国和欧盟各自都是对方的主要贸易伙伴，双方构成了世界上最大的双边贸易关系。双方市场上农业产品的出口额十分接近。例如，美国 2002 年向欧盟的农产品出口额为 61 亿美元，占美国农产品出口总额的 10%；其中主要出口产品为大豆、烟草和饲料（包括麦麸）。欧盟向美国的农产品出口主要是葡萄酒和啤酒，出口额为 79 亿美元。

从种植量和农田收入上讲，在美国种植的最重要的田间作物为小麦、烟草和大豆。他们在食品和饲料的生产中都至关重要，而且很多是只用于加工类食品的原料来源。比如高果糖谷物糖浆和卵磷脂。这三种作物也是美国的主要出口商品。

在美国，这些作物中的很大一部分都是转基因类产品。2003 年，在美国种植的 81% 的大豆，73% 的棉花和 40% 的小麦都是生物工程类的。全世界的转基因作物中生长在美国的占很大一块份额，约为三分之二。

20 世纪 90 年代末，转基因食品在欧洲成为一个充满争议的话题。随着欧洲民众对转基因食品的担忧不断增加，欧盟采用了新的标示规定，中止审批转基因类新产品，这实际上是禁止了对新的转基因类产品的审批。由于大宗的出口货物一般混合有许多农场上种植的小麦，其中就包括未获欧盟批准的转基因类作物品种，美国向欧盟的小麦出口大幅下滑。1997 年以前，美国每年向西班牙和葡萄牙的小麦出口达到 175 万吨，这两国是美国小麦在欧盟国家中的主要买主。但在 1998 年至 1999 年一个年份当中，西班牙所购买的美国小麦还不到前一年的十分之一，而葡萄牙根本就没买。美国农场联合会估计美国每年因此损失三亿美元。

（二）美国与欧盟对待转基因食品不同的管理策略

在转基因食品与农产品问题上，美国的原则是所谓的"本质对等"。即只要一种产品在本质上和与之对应的、靠传统方法生产的产品相同，那么在管理上对他们应该一视同仁。相比之下，欧盟采取的策略可以说是谨小慎微，也就是说，如果缺少足够的和确凿的科学上的证据，证明某项活动或某种产品对人类健康及环境不构成任何潜在危害，那么只要对其担忧是合理的，就对其实行严格的管理甚至禁止，以保证未来不出现任何难以预料的麻烦。欧盟的这种管理策略认为，转基因技术与传统的生产方法在根本上是不同的。

1. 美国

《生物工程技术管理协调框架》是美国联邦政府对生物工程类产品的基本指导性文件，于 1986 年由白宫科技政策办公室（OSTP）颁布。它的基本原则之一是对基因工程类产品应根据其特性进行管理，而不是根据其生产方法。这样一来，如果一种食品的生产应用了转基因技术，而它与用较为传统方法生产的对等产品没有本质区别，那么就不应对这种食品施加额外的（或不同的）管理。一旦某种食品已通过审批，那它就不必再标示是否含有转基因成分，除非和转基因食品已在本质上有所不同（例如，当它含有某种变应原或营养成分已发生变化时）。不过只要所标示成分属实，商家仍可以通过各种方式声明此商品含有转基因成分。这套管理框架引入了转基因类产品的"本质对等"的概念，在现行联邦法律的授权下对生物工程类产品实行管理，而所有现行法律早在农业生物工程技术商业化之前就已经制定出来或已经实施了。

2. 欧盟

与美国不同的是，欧盟建立了独立管理体制，专门管理审批转基因作物以及对以这些作物为原料的产品的管理。欧盟在开始其非正式贸易限制之前已批准十八种转基因类产品走向市场（其中包括"Roundup-Ready"牌大豆）。欧盟现行对转基因类产品的四大主要管理依据为：

《2001 年第 18 号委员会指令》（替代《1990 年第 220 号委员会指令》）：明确了审批程序，以在任何转基因产品被播种或任何含有转基因类成分的产品投放市场之前评估此种产品可能对健康及环境所带来的危害。一种产品被投放到任何一个欧盟成员国，该国主管当局有责任对其食品安全情况进行评估；一旦此种产品获得批准，该国有责任告知其他成员国，为此种产品在欧盟范围内的销售开辟道路。此新命令于2002年10月17日生效，其中也规定了对转基因作物新的标示与监管要求。

《欧盟1997年第258号对新食品及新食品原料的管理规则》是在健康及消费者权益保护总理事负责下，负责审查转基因类产品的安全以及对其进行标示的机构。其安全评估及授权程序与刚才所描述的程序类似。此《新食品管理规定》（简称《规定》）中要求，生产者必须对转基因食品及含有转基因成分的食品进行标示。这一《规定》在新的标示与监管规定生效以前仍然有效。由于现行的《新食品管理规则》在如何实施方面规定尚不够详细，各欧盟成员国不得不自行决定如何测试，测试什么等问题。据USDA调查显示，至今为止还没有一种转基因食品获得此规定的授权。

《1998年1139号委员会指令》早在《新食品管理规定》出台以前就已获得批准，对从抗杂草大豆到抗菌庄稼的食品做了规定。《欧共体2000年第50号管理规定》针对添加有转基因类添加剂及调味剂的食品确立了标示规定。

3. 欧盟新的"标示与监管法"

自1997年起欧盟就已经明文规定必须对一部分转基因类产品加以标示。但新的欧盟立法议案将要求标示的产品范围大幅度扩大，同时要求对此类产品进行"监管"，即要求管理者有能力对产品分配、加工、制造一直到最终消费者手中这一过程的各个环节中，对转基因类产品进行追踪监管。新的立法也将建立一套更为完善，权力更为集中的审批程序，管理转基因作物和食品原材料，以及他们向市场的投放。2003年10月，欧盟的*Office Journal*杂志上刊登了新获通过的监管与标示管理规定，然后在九十天后这些规定将正式生效。欧盟成员国在此期杂志出版后的六十天里必须遵守新的食品与饲料审批程序，欧盟委员会将在两年后对这些规定进行重审。

（1）标示：

欧盟以前规定，对于转基因粮种、作物及其加工产品，如果在成品中能找到转基因性质的DNA或蛋白质，那么必须对这些产品进行标示。比如，由转基因玉米磨制成的面粉将会被标示，而由同种玉米加工成的麦芽糖却不需被标示，因为在这种糖浆中找不到转基因类的DNA及蛋白质。牲畜饲料也未被要求进行标示。

而在欧盟新的规定下，所有食品只要其配料中有转基因成分，无论其中的转基因DNA和蛋白质含量是否多到能被检测出，都要加以标示。不过转基因物质的"偶然存在"（不高于0.9%）仍将不受标示规定的束缚。新规定也第一次对转基因类饲料施以了与转基因类食品同样的规定。那些被要求的产品上应该声明"此产品中含有转基因成分"，或者称"由转基因类的……（原料名称）生产而来"。

不过对使用转基因饲料或接受过转基因类药物治疗的牲畜，新的立法议案中并没有要求对它们的肉类、奶类和蛋类等产品进行标示。此外，奶酪和啤酒等产品上也不必标示，而生产这些食品经常要用到转基因类微生物分泌的霉菌。据欧盟委员会的官员讲，之所以要如此区别对待是由于这些产品中并不含有转基因成分，只不过是其生产过程中有转基因类成分的参与，但最终产品中并不含有这些成分。

（2）监管：

新的欧盟立法议案中规定，所有参与转基因类产品的生产、储藏、运输和加工的企业和个人应在此食品的整个生产流通过程中进行监控，即所谓的"从田里到盘里"。有了这些规定，企业今后要保证其确定转基因类产品从哪儿来，到哪儿去的制度运转良好，同时将所做记录保留五年。规定要求所有种类食品都要注册备案，表明其原料是否为转基因类；就算是成品中已找不到任何转基因物质的迹象，这些商品也要登记注册。

（3）新审批程序：

在过去的管理制度下，对转基因作物和含有转基因成分的食品进行评估与批准的权力是分散在欧盟各成员国和欧盟委员会之中的。而在新的管理制度中，欧盟建立起了一套"一把钥匙开一把锁"的程序，所有科学上的风险评估都是在一个机构中完成的，即"欧洲食品安全管理局"（FSA）；这个组织还负责将这些风险公之于众。欧盟部长委员会负责在 FSA 的风险评估报告出来之后，决定是否准许某种转基因产品进入欧洲市场。

在《2001 年第 18 号欧盟委员会指令》之下，某些转基因类品种根本无法获得批准，走向市场；但现在欧盟的科学委员会对这些品种的评价都不错。审批程序中的另一个变化会影响含有这些转基因成分的产品。这样一来，科学委员会就有可能对某种并未完成整个评估程序的转基因品种开绿灯：只要此产品中所含未获批准的转基因成分不超过 0.5%，同时评估结果显示是积极的，那么这种产品就能进入欧盟市场，被摆到货架上。

（三）美国对欧盟在转基因食品问题上态度的反映

2003 年 5 月 13 日，美国贸易代表（USTR）和美国农业部长联合宣布，美国连同其他几个世贸组织成员国将向世贸组织大会提交一份起诉状，抗议欧盟所做出的对新生物工程农产品施行 5 年不予批准的决定。美国商界业内人士称，欧盟的政策不但阻碍了美国向欧盟的出口，而且引起了全世界对农业生物工程技术安全性的过分关注。欧盟官员称，他们正在采取行动，以期尽快重新开始对生物工程类产品的批准，与此同时他们也试图让消费者相信这些产品是安全的。一些官员担心，美国在世贸组织中的这一诉讼会恶化美国同欧盟的贸易关系。

美国要求与欧盟进行为期 60 天的正式磋商，以此拉开其起诉的序幕。加拿大与阿根廷也加入美国领导的控方队伍之中。尽管埃及一开始被列为起诉国之一，一位埃及官员已告知欧盟方面，埃及决定不参与对欧盟的正式起诉。除了美、加、阿三个主要起诉国之外，澳大利亚、智利、哥伦比亚、萨尔瓦多、洪都拉斯、墨西哥、新西兰、秘鲁和乌拉圭也表示支持三国对欧盟的起诉。2003 年 6 月 19 日，美国贸易代表宣布美国与欧盟的磋商以失败告终，同时要求世贸组织成立专门小组协调此次纠纷。美国及其他起诉国称，欧盟的贸易限制首先就违反了世贸组织实施动植物卫生检疫（SPS）方面的协议。这一协议允许各国为保护公民健康和环境，对农作物及食品进行管理。但各国所制定的规定必须有科学依据作为保证，同时对产品的审批也必须在不受过分阻碍的条件下进行。美国界内人士认为，现今并没有科学证据表明转基因食品与传统农产品相比有什么本质上的不同，或者说前者不如后者安全。他们称，就连欧洲的权威科学机构得出的也是这一结论。

美国认为，这一贸易限制不仅影响了美国向欧盟国家的出口，而且还导致其他国家，特别是发展中国家回避生物工程方面的研究。美国坚持认为，生物工程是一个极有希望的领域，它能极大提高农业生产率，养活不断增长的世界人口。有的官员以最近六个南撒哈拉国家爆发的饥荒为例，称有的国家在接受转基因谷物食品援助的问题上提出各种条件，其中一个国家基于一些未说明的食品卫生和环境方面的考虑甚至拒绝所有转基因食品援助。美国官方称欧盟的政策对这些国家的行为起着推波助澜的作用。

欧盟方面反驳说，欧盟正在尽快地重新开始产品审批，这已经表现出了极大的诚意。7月15日，欧盟宣布要将其15个成员国中的11个推上欧洲法庭，起诉他们没有履行转基因类产品的审批法规。尽管如此，有些欧盟官员已转告美国，欧盟在管理农业生物工程方面的谨慎态度是必要的，只有这样才能重树欧洲消费者对其食品卫生机构的信心。欧洲的消费者对他们购买的食品的生产过程一向小心谨慎，这一部分源于在欧洲所爆发的一连串食品卫生危机，比如起源于英国，之后波及欧洲其他国家的"疯牛病"（BSE）。1996年以前已有科学证据表明某些类似的人类疾病与患者使用过感染了"疯牛病"的牛肉有关。虽说这次事件以及其他几次食品卫生危机并不是转基因食品所引起的，但据称它们已经动摇了欧洲消费对他们国家食品卫生管理机构的信心。欧洲的一些激进环保组织也反对将转基因类作物和食品引入市场。

美国在世贸组织领导的这次起诉，不涉及新的标示与监督的管理问题。新规定将要求对所有转基因类食品、饲料及制品进行标示，即使在这些产品中已找不到任何使用转基因类原料的证据。美国农业界业内人士称，即使欧盟取消对转基因类产品的审批贸易限制，这些新的标示及监督规定根本无法付诸实践，而且也没有必要，美国的出口产品仍然会受到歧视。

（四）前景展望

现在还不清楚世贸组织中负责调解此次纠纷的专门小组会如何处理此次事件，这一部分是由于在乌拉圭一轮会议中所达成的贸易协议中并未涉及转基因类农产品问题。这些协议在生物工程农产品得到推广之前已经存在。一旦美国胜诉，将巩固动植物卫生（SPS）协议的基本原则，使其他国家不步欧盟的后尘。美国指出，欧盟国家中的很多农民很希望种植和出售转基因类作物。不过即使美国胜诉，欧盟各国市场也不太可能进口更多的转基因类农产品。这样一来，美国可能只能从其他方面获得补偿。进一步说，新出台的标示与监管规定可能会像现在的贸易限制一样，给双方间的贸易设置障碍，甚至这些规定本身也会成为世贸纠纷的焦点。

有人认为，如果美国在转基因问题上占得先机，将引起欧洲民众与政府的不满。欧洲人会认为美国人把生物工程类产品强加给那些不愿购买的消费者。再者，由于美国至今不遵从世贸组织对其制定的关于外贸法人制度的规定，美国现在面对的形势是，世贸组织已批准对美国向欧盟国家出口商品强行征收共计40亿美元的报复性关税。美国国会中的议员领袖几年来一直催促美国政府官员，要他们正式向欧盟的贸易限制宣战。他们认为，这一贸易限制给美国的生产者带来了极坏的负面影响，而且如果更多国家对生物工程类产品的管理上步欧洲后尘，双方间会出现更多贸易壁垒。参议院5月23日全体通过了一项决议，支持美国政府对欧盟采取行动。2003年6月10日，众议院以339票赞同，80票反对通过了一项类似的方案。与此同时，很多国会议员十分清楚，美国与欧盟在贸易上的关系不断紧张是十分危险的，他们也表示会密切关注事态的发展。

四、案例3：欧美荷尔蒙牛肉案

（一）美欧争端简介

1. 背景

1989年，欧盟发布了一项禁令，绝对禁止人造荷尔蒙的使用，该项禁令最终导致欧盟禁止进口来自美国的荷尔蒙牛肉。1996年，美国根据WTO争端解决程序对欧盟的该项禁令提起诉讼。1997年，在WTO争端解决专家组做出了不利的裁决之后，欧盟提出上诉。WTO上诉机构做出了不利于欧盟的裁决，该裁决要求欧盟在不做风险科学评估的情况下，撤销其有关荷尔蒙的禁令。由于欧盟没有在15个月的时间期限内遵守WTO的裁决，接下来一份仲裁裁决授权美国对欧盟采取反措施。该项反措施的形式为对欧盟的部分进口产品按价征收100%的关税，关税的累计数额为1.168亿美元，即仲裁庭确认的美国因欧盟的禁令而导致的财政损失。尽管有上述裁决，尽管美国对欧盟课以关税惩罚，尽管美国和欧洲进行了大量的贸易协商，至2001年美国新一届行政机构上台，欧盟仍然拒绝屈服，坚持禁止进口来自美国的高档牛肉。

2. 美欧僵局的形成原因

美欧僵局的形成原因很复杂，包括两方在文化和规章上的差异，也包括可能存在的贸易保护主义议程。此外，该争议突显出强制遵守 WTO 裁决所存在的困难。借用前美国贸易代表机构总理事的话"WTO 没有监狱，没有保人，没有蓝盔部队也没有警棍和催泪瓦斯。"

荷尔蒙牛肉争议开始于 1987 年，那时 WTO 还没有建立，因此美国便威胁说要根据 1974 年贸易法的 301 条款对欧盟的农产品提高 10% 的关税。在很长一段时期内，美国和欧盟还可以就"临时措施"问题进行协商，这些措施允许进口一些来自美国的牛肉以回应美国的 301 报复关税。1989 年，GATT 委员会介入该争议，但对争议的讨论却被推迟了。最终，在 1996 年，即 WTO 建立 2 年后，美国请求成立一个 WTO 咨询小组对荷尔蒙禁令进行研究。根据 WTO 争端解决谅解书的规定——乌拉圭回合王冠上的宝石，"咨询"是四层争端解决程序的第一部，而荷尔蒙案刚好可以检验一下该争端解决体系的能力限度。

2000 年 5 月，由于美国对 WTO 制裁行关税的低效已经感到厌烦，并且由于美国对其国内的养牛业的关注，美国对旧的解决办法提出了一个新的方法。旧的解决办法，即 1974 年贸易法的 301 条款，使总统有权决定对任何"负担、限制美国商业"或违反国际义务的外国政府、外国的法案、政策或实践活动采取报复措施。而 2000 年 5 月 18 日克林顿总统签署的 2000 年贸易与发展法第 407 部分的条款则给原来的 301 条款又加强了力度，该法案允许美国对被征收报复性关税的产品每 6 个月循环一次。

欧盟对这种"循环"式的制裁行为提出抗议，其认为这些措施是违反 WTO 规则的，因此其立即向 WTO 提出了申诉。2000 年 7 月，欧盟和美国参与了 WTO 争端解决程序最初的咨询阶段。根据美国贸易代表的话，这些协商都是"形式主义"的，而不具有重要意义。直至今日，美国也没有实行产品清单的循环制度。当英国首相布莱尔对苏格兰羊绒工业可能由于所提议的新关税制度而遭受灭顶之灾表示关注时，他显然有能力阻止美国在 2000 年 9 月份执行该项循环制度。美国也曾经同欧盟讨论其对外国销售公司的优惠税收待遇问题，并且曾经试图通过维持欧盟认为是违反 WTO 规定的制裁措施以加强其在谈判中的地位。

然而，由于美国新成立的行政部门缺乏谈判的经验，因此其对以牺牲美国养牛业的方式保护奢侈的羊绒制品的做法没多大兴趣，要知道养牛业在过去 40 年里是美国最大的独立农业部门。在之后的 5 年里，尽管美国国内的养牛业具有很大的竞争力，但由于牛肉价格急剧下降，养牛业一直都处于争论之中。帮助养牛业摆脱下降趋势的方法之一就是增加牛肉的出口，但数字显示美国的牛肉和牛市场与其他国家相比其自由程度已经是不合比例的了。而且，尽管 WTO 仲裁庭所估计的 1.168 亿美元的数额与整个几十亿美元的贸易数额来比好像不算显著，但这个 1996 年确定的数额无论如何也无法反映出在今日全球经济中自由贸易市场向最大进口集团出口的潜在数额。循环制裁可能会打开这个市场，而且美国贸易代表 Robert B. Zoellick 曾经暗示他认为这种循环制裁是使欧盟遵守世界贸易规则的一个"有力工具"。

（二）荷尔蒙牛肉案的案情

1. 科学背景

自20世纪50年代起，美国的食品与药品机构（FDA）和农业部（USDA）批准将内生的人造的牛生长激素（BGHs）作为一种安全的低耗的增加谷物来喂养牛，从而提高喂养效率的方法。人们在牛的耳朵后面加上一个铅笔大小的擦拭器以使牛接受荷尔蒙。这样牛就可以更快地将谷物转化成美国消费者喜欢的多汁的高档的"大理石般"的牛肉。大多数从美国出口的牛肉都是这种类型的产品。BGHs在美国被广泛使用，主要原因是它使喂养者在微利甚至是负利润的市场上得以获得竞争优势。而相比之下那些需求很小的国家，或者那些对富含脂肪的肉类缺少财政补助支持的国家，牛就不必用昂贵的谷物来喂养，也就不需要BGHs所带来的经济利益。

2. 欧盟对促长荷尔蒙的政治反应

1981年以前，欧盟各国对荷尔蒙激素持不同的政策。1981年，由于有一份报告称意大利的儿童由于食用各种含有"DES"的进口儿童食品而导致乳房发育过早，这就促使意大利对那些允许使用荷尔蒙的国家的各种进口产品进行抵制。而欧共体委员会针对公众的关注发布了第81/602号指令，规定在进行进一步的研究之前禁止进口任何新的荷尔蒙制品。根据该指令，欧盟建立了一个有22名欧洲顶尖科学家的科学工作组，以判断在动物身体上使用各种自然的和人造的荷尔蒙是否会对人类健康产生科学可以观察到的影响。一年以后，也就是1982年，科学工作组发布了一份中期报告，表示其没有发现使用荷尔蒙会产生任何有害反应。而对人工荷尔蒙，科学工作组报告称其还需要更多的数据。

尽管有了这份中期报告，1985年，欧洲议会还是通过了一份决议，表示有关内生的人造荷尔蒙问题的信息"远不完全"。它还表示"肉类和肉制品的过度制造对欧盟共同农业政策增加了巨大的开支"。此前在引进牛奶限额的背景下发布的欧盟决议已经导致加剧屠宰奶牛以获取牛肉的做法，使欧盟的牛肉产量超过了其政府干涉牛肉存储量的两倍还要多。该决议发布之后，科学工作组的一个预定会议被取消了，1985年12月31日，欧盟颁布禁止使用内生荷尔蒙的法令，该规定表示只有为了治疗和畜牧学的目的才可以例外使用内生荷尔蒙，并且完全禁止使用人造荷尔蒙。成员国有3年的时间使其国内法符合欧盟决议的规定。直至1987年8月，科学工作组的成员发布了其最终报告，结论认为他们研究的人造荷尔蒙在促进生长方面是安全的。

3. 其他影响欧盟考虑的因素

1984年，在关于北海保护的第一次世界会议上学者们向国际论坛介绍了"预防原则"。这个颇具争议的原则仍然在发展，但其认为一般来说，当面对不确定的和尚未知晓的结果的情况下，例如可能的海洋污染，科学可以告知决策部门可能的影响，但各民族的政治考虑在决策中处于优先地位。随后，欧盟便将这一原则容入其环境政策之中，将其发展为国际环境理论的一项原则。现在，欧盟正利用这一原则要求转基因食品贴上标签。为了使欧盟委员会禁止使用内生的人造荷尔蒙的指令能够应对各种法律上的质疑，欧共体法院似乎也在使用预防原则。法院认为欧盟的禁令不必只是依靠科学数据，对欧洲议会所表示的政治关注以及消费者的"焦虑和期望"做出反应是允许的。

1986年，牛脑海绵病或称疯牛病在英国被发现。由于包含被污染的羊肉和牛肉残渣的蛋白质饲料被认为导致了这种疾病，1988年这些饲料被禁止使用。但直到1991—1992年该规章才被严格执行。那时，这种疾病已经开始流行，最终导致英国的牛肉工业产量下降到20年来的最低历史水平。尽管欧盟为避免疾病的爆发做出了巨大的努力，并且也取得了一定的成功，但民众对食品安全信心的丧失使欧洲的态度带上了有色的眼镜。而此时在英国爆发的口蹄疫也无助于欧洲态度的改变。

4. 欧盟的荷尔蒙禁令没有得到科学风险评估的支持

1994年，135个成员方签署了SPS协议（《关于卫生和植物卫生措施的WTO协议谅解书》），作为1984—1994乌拉圭回合谈判最后法案的组成部分之一。SPS协议承认各主权国家有权采取影响食品安全和动植物健康的措施，但指出有关的规章不应当是"有争议的或没有充分理由的"歧视性政策。该协议还指出规章措施应当建立在科学风险评估的基础上。而在起草SPS协议有关包含科学风险评估的规定时，与会者将"欧盟禁止进口促长荷尔蒙牛肉的禁令视为是制订该项规定的原形"。

（三）WTO荷尔蒙牛肉案裁决

1. 专家组裁决：美国的胜利

1996年4月，由于咨询被证明是没有结果的，荷尔蒙牛肉案被提交到WTO专家组。专家组裁决该争议适用SPS协议，而欧盟的禁令是有悖该协议第3.1、5.1和5.5条的规定的。奇怪的是，专家组没有看SPS协议核心的第2条，该条规定贸易措施只能够依据充分的科学证据得以维持。相反，专家组看的是第3.1条，该条要求成员国将其卫生和植物检疫的措施建立在相应的国际标准的基础上。专家组认为欧盟违反了该条的规定，理由是欧盟的标准不是建立在已有的法律标准之上的。第5.1条强制要求SPS协议必须建立在对"人类生命或健康进行符合情况的危险评估"的基础上。专家组裁决欧盟没有理由在没有科学根据的基础上超越国际标准订立荷尔蒙禁令。第5.5条规定成员方应当避免在保护标准上使用"有争议的或没有充分理由的差别"措施，如果这些措施将导致在"国际贸易领域的歧视或伪装的限制"的话。专家组裁决欧盟违反了上述规定，理由是欧盟在对添加荷尔蒙的制品上给予了更高的限制，而对那些自然存在在食物中的荷尔蒙，如肉类和奶类制品，给予了较少的保护，这也发生在为了促进生长而使用的一种有毒物质的残留水平的不加限制问题上。

2. 上诉机构的裁决缩小了专家组的裁决的适用范围

欧盟向 WTO 的上诉机构提起了上诉，上诉机构推翻了针对 SPS 协议第 3.1 和第 5.5 条的专家组裁决，但支持了专家组认为的欧盟没有将其规章建立在科学危险评估基础上的裁决，这也就认定欧盟违反了第 5.1 条的规定。这是美国的惨胜。一些评论家认为上诉机构的裁决削弱了 SPS 协议的力量，显示出上诉机构在处理复杂全球问题上的能力欠缺。上诉机构驳回法律标准的裁决显然是在统一标准过程中的一个退步。而且，上诉机构推翻了要求评估必须在贸易措施执行时就已经做出的规定。这就使保守的或其他类型的科学家的科学发现打开了大门，这就为在风险评估过程中，上诉机构裁决认为 SPS 协议可以源于一个"有资格的受尊敬的来源的分歧意见"而不是唯一依靠"主流"的科学观点的做法提供了基础。因此，专家组所驳回的预防原则被上诉机构以有限的形式重新采纳。

此外，SPS 协议列举了在进行风险评估时的大量考虑因素。上诉机构裁决该清单不是穷尽的，它认为"第 5.5 条规定的风险不仅仅是科学实验室里可确定的风险，也包括人类社会中确实存在的风险，换句话说，也就是包括在人类确实生活、工作和死亡的现实世界里那些对人类健康产生实际潜在负面影响的风险。"这就表明在一个游戏中参与者可以在风险评估中加入文化的偏爱和社会的价值取向。

3. 仲裁裁决允许美国实施反措施

欧盟辩称上诉机构的裁决允许其在维持禁令的情况下进行新的评估工作。但美国表示反对，认为欧盟的禁令应该在 DSU 第 21 条第 3 部分所规定的合理时间内被撤销。由于双方无法在时间问题上达成一致，该事项依据 DSU 第 3（c）部分的规定被提交有约束力的 WTO 仲裁机构。仲裁员要求欧盟在 15 个月的期限内，也就是在 1999 年 5 月 3 日之前遵守裁决。根据美国的诉称，仲裁裁决规定欧盟在进行新科学评估的同时拖延法律方面的改革。

15 个月后，欧盟没有做出任何撤销禁令的努力，它也没有做出新的风险评估。WTO 批准美国采取反措施，并且选举成立了一个仲裁庭以决定反措施的数量。1999 年 7 月，仲裁庭批准了对美国贸易代表所提出产品清单中的价值 1.168 亿美元的货物按价征收 100% 的关税。美国立即从清单中选取了部分货物课以关税。尽管欧盟在仲裁裁决前表示愿意与美国进行协商，但它最后又放弃了。这表明从欧盟的观点来看，仲裁庭确定的数额太低不值得进行讨价还价，或者可能不遵守 WTO 规定的社会政治赢利超过了因制裁性关税而导致的损失。

荷尔蒙牛肉案突显出美国和欧盟在政治和文化上的不同，双方在食品和科学方面显然持不同的态度。这种不同被欧盟成员国的健康危机以及来自拥有数百万美元资产的农业企业的经济和政治压力所恶化。对转基因生物的接受在欧洲也遇到同样的问题，而且可能在 WTO 体系内引起更多的复杂问题。DSU 和 SPS 协议在荷尔蒙牛肉案中的失败可能最终会为将来修改争端解决程序提供成果。

美国的牛肉业因该案而遭受损失，而同时尽管有许多有利的 WTO 裁决，美国政府在与其最大的贸易伙伴发生摩擦 15 年后却仍然无所作为。在该案中，如果循环制裁真的被认定为合法的话，那么使用该制裁措施也许是有充分的理由的，因为该案耗时长久而且欧盟故意不遵守 WTO 裁决，加之双方同是贸易巨头其经济实力相当。很显然，DSU 程序本身已经无法及时强制不遵守裁决方执行适当的反措施，也无法保证反措施是能够促使遵守裁决的临时措施。因此，在荷尔蒙牛肉案中，类似 SPS 协议这样的多边协议可能预示着多边法律义务最终代替双边贸易制裁，并且将证明其在促使遵守 WTO 裁决时更为有效。然而，现在所有的情况都显示该案的进展非常缓慢而且具有政治上的不稳定性。实际上，贸易谈判经常是在政治环境下进行的，而且与许多其他不同的争议和事项有关。因此，其他综合考虑可能会影响荷尔蒙牛肉案的最终解决，而无论其巨大的诉讼价值。

⬤ 五、案例 4：欧盟香蕉进口、销售和分销体制案

欧盟关于香蕉进口、销售和分销体制案（European Communities—Regime for the Importation, Sale and Distribution of Bananas, 下称"香蕉案"）是 GATT/WTO 体制下非常值得关注的一个案件。该案历时近十年，涉及欧盟、美国及一系列拉美国家。该案涉及的协议及条款众多，案情历经一波三折非常复杂。欧盟有着仅次于美国的世界第二大香蕉消费市场，每年进口香蕉约 390 万吨，价值近 60 亿美元。自欧盟成立伊始，香蕉问题便一直是一项敏感议题。原因在于，一方面，香蕉是不少亚非拉发展中国家通过出口换取外汇的主要产品；另一方面，从哪些国家或地区进口香蕉，每年具体进口数额的多少，又是欧盟各国贯彻其对外经济和外交政策的重要杠杆。

从总体上看，欧盟市场上的香蕉主要来源于三部分：一是欧盟成员国自产或来自直接隶属于某些欧盟国家的海外领土，如加勒比地区的英联邦成员国及法国的海外省等；二是通过《洛美协定》（Lomé Convention）同欧盟保持特惠经贸关系的非洲、加勒比海和太平洋地区国家（Africa, the Caribbean and Pacific, 以下简称"ACP 国家"或"非加太国家"）；三是拉丁美洲国家。原产于拉丁美洲国家或地区的香蕉因为产量丰富、质优价廉，在欧盟市场中长期占据优势竞争地位。同时，这部分香蕉由于通过 Chiquita 和 Dole 等美国几大跨国公司的海外投资，实施由种植、收购、运输、催熟、促销、零售等一体化生产经营战略，因而也被形象地称为"美元香蕉"（US Dollar Bananas）。围绕欧盟的香蕉进口体制，一共发生了三起提交到 GATT/WTO 体制解决的纷争。

（一）第一香蕉案

香蕉案的源头可以追溯到 20 世纪 50 年代后期，当时欧盟与 ACP 国家中的几个

前欧洲殖民地国家建立了优惠性的贸易安排，其中包括免税进口这些国家的香蕉，目的在于使这些香蕉与来自拉美的香蕉相比具有更强的市场竞争力。但欧盟与 ACP 国家连续的这类贸易安排影响到拉美国家的香蕉在欧盟市场上的地位。鉴于美国几家大的跨国公司在拉美香蕉生产中有重要的投资和利益，欧盟与 ACP 国家之间的贸易安排使美国的经济利益也受到了影响。而美国加入香蕉案，使得争端各方更加势均力敌，争端也更加深入复杂且旷日持久。

1992 年，拉美国家（包括哥斯的黎加、哥伦比亚、尼加拉瓜、危地马拉和委内瑞拉等）首先利用 GATT 争端解决程序对欧盟的香蕉进口体制提出异议，宣称欧盟的香蕉进口配额和许可制度违反了 GATT 规则。后来应这些国家要求，GATT 理事会成立了专家组来审理此案。专家组于 1993 年 6 月 3 日裁决，欧盟的配额体系违反了 GATT 第 1 条和第 11 条的规定。但由于 GATT 争端解决机制中要求全体缔约方（包括败诉方在内）"一致同意报告的通过"，导致第一香蕉案的裁决由于欧盟和 ACP 国家的阻挠而未能正式通过。

（二）第二香蕉案

在第一香蕉案之后不久，欧盟理事会通过了"EEC 第 404/93 号规则"（regulation），改变了欧盟的香蕉进口体制。该规则自 1993 年 7 月 1 日生效，整合了欧盟成员国的香蕉进口监管模式，并成立了香蕉共同市场组织（Common Market Organization，下称"CMO"），基本统一了欧盟 12 个成员国的香蕉市场。

（三）第三香蕉案

1. 案件进程的简要概括

既然第一和第二香蕉案均未能使欧盟改正其有关香蕉进口体制措施，美国及若干拉美国家在 WTO 成立后，继续寻求解决问题的办法。1996 年 2 月 5 日，厄瓜多尔、洪都拉斯、危地马拉、墨西哥及美国，根据 DSU 第 4 条、GATT1994 第 23 条、《进口许可程序协议》第 6 条、GATS 第 23 条、《与贸易有关的投资措施协议》（Agreement on Trade-Related Investment Measures，TRIMs）第 8 条及《农业协议》第 19 条，再次要求就欧盟有关香蕉进口、销售和分销制度与欧盟进行磋商。

五个原告方单独或联合进行了行动，主张欧盟有关香蕉进口、销售和分销制度与 WTO 协议不符。各方于 1996 年 3 月 14 日及 15 日进行了磋商，但未能达成协议。1996 年 4 月 11 日，厄瓜多尔、危地马拉、墨西哥及美国要求 DSB 成立专家组，以解决相关争议。专家组于 1996 年 5 月 8 日成立，并于 1997 年 5 月 22 日向成员公布其报告。专家组在报告中裁决，欧盟的香蕉进口体制违反了 GATT 第 1 条第 1 款、第 3 条第 4 款、第 10 条第 3 款以及第 13 条第 1 款，违反了《进口许可程序协议》第 1 条第 3 款以及 GATS 的第 2 条和第 17 条。1997 年 6 月 11 日，欧盟就专家组报告提出上诉。上诉机构维持了专家组报告中的大部分结论。上诉机构报告于 1997 年 9 月 9 日公布。由于双方未就裁决的执行期达成协议，因此依据 DSU 第 21 条第 3 款 (c) 项规定，该案又成立了仲裁庭，由原专家组成员对此进行裁决。仲裁结果是，要求欧盟在 1999 年 1 月 1 日之前，按照其在 WTO 项下的义务修改有关香蕉体制中的措施，即欧盟执行报告的期限被确定为从 1997 年 9 月 25 日到 1999 年 1 月 1 日。1998 年 7 月 20 日，欧盟理事会通过了第 1637/98 号规则，对原有的 404/93 号规则中受到争议的措施进行了修改，但对香蕉的进口管理依然以关税配额为基础。此外，欧盟委员会于 1998 年 10 月 28 日通过了第 2362/98 号规则，对 1637/98 号规则中的某些执行细节做了进一步的详细规定和部分修改。上述两个规则均于 1999 年 1 月 1 日生效。

2. 进一步的纷争——针对欧盟执行措施的不满及相关行动

美国和其他申请四国认为欧盟关于香蕉进口、分销和销售的新制度只是对原有规则换汤不换药的修改，仍继续保留了原制度中的歧视性，双方由此开始了进一步的纷争。

1998 年 10 月 22 日，美国宣布根据 1974 年贸易法 "301 条款" 对欧盟进行贸易报复，并于 12 月 15 日公布报复清单。就在美国公布报复清单的当天，欧盟根据 DSU 第 21 条第 5 款，就其香蕉进口制度的修正是否符合 WTO 规则的问题要求设立专家组进行裁决。美国坚决反对这一要求。1999 年 1 月 14 日，美国据 DSU 第 22 条第 2 款，要求 DSB 授权中止对欧盟的减让，数额为 5.2 亿美元。1 月 19 日，欧盟据第 22 条第 6 款，要求对美国提出的中止减让水平进行仲裁。1999 年 1 月 12 日，DSB 同意召集原来的专家组，据第 21 条第 5 款审查欧盟和美国的申请。根据第 22 条第 6 款，美国提出的中止减让的要求被 DSB 推迟到中止减让水平的仲裁裁决做出之后。

面对美国和欧盟僵持不下的对立局面，1999 年 1 月 26 日，当时的 WTO 总干事鲁杰罗为促成美欧达成妥协，以 DSB 推迟考虑美国授权报复请求作为交换条件，说服欧盟同意就报复水平进行仲裁。在欧盟要求的专家组程序中，专家组裁定，欧盟的实施措施并未符合 DSB 的建议。而在欧盟要求的就美国提出的中止减让水平的仲裁中，仲裁庭于 1999 年 4 月 9 日做出仲裁报告，认为没有理由等到第 21 条第 5 款专家组程序做出结论后，才启动第 22 条 6 款进行仲裁，但将美国提出的贸易报复金额从 5.2 亿美元削减为 1.914 亿美元。之后，美国亦正式请求 DSB 授权报复。DSB 于 1999 年 4 月 19 日授权美国对欧盟进行价值为 1.914 亿美元的贸易报复。

由香蕉引发的贸易战愈演愈烈。出于对欧盟修正措施仍然不符合 WTO 规则的不满，厄瓜多尔于 1998 年 12 月 18 日根据 DSU 第 21 条第 5 款，要求重新召集原来的专家组，审查欧盟实施 DSB 的措施是否与 WTO 义务相一致。厄瓜多尔声称欧盟违反了 GATT 的第 1 条和第 13 条，以及 GATS 的第 2 条和第 17 条。在厄瓜多尔要求进行的专家组程序中，1999 年 4 月 12 日，专家组公布其报告，裁定欧盟的实施措施与欧盟的 WTO 义务不完全一致。DSB 于 5 月 6 日通过了该专家组报告。

1999 年 11 月 19 日，厄瓜多尔要求 DSB 授权其对欧盟的 13 个成员国进行贸易报复，欧盟同时要求对报复水平进行仲裁。仲裁报告于 2000 年 3 月 24 日公布，裁决厄瓜多尔遭受的利益损失水平为每年 2.016 亿美元，厄瓜多尔可寻求授权据 GATT 和 GATS 中止减让，如不足可据《与贸易有关的知识产权协议》（Agreement on Trade-Related Intellectual Property Rights，TRIPs）相关条款中止减让。2000 年 5 月 8 日，厄瓜多尔寻求 DSB 授权中止减让，DSB 于 5 月 18 日给予其授权。

3. 最终协议的达成——香蕉案的终结？

2001 年 4 月 11 日，欧盟与美国就解决香蕉贸易争端达成最终协议，不久欧盟和厄瓜多尔于 4 月 30 日也就解决香蕉贸易争端达成最终谅解。根据这些协议与谅解，2001 年 5 月 2 日，欧洲委员会通过了旨在实施上述协议与谅解的第 896/01 号规则。对冗长的香蕉案争议的最终正式解决是在 2001 年 12 月 19 日，欧盟理事会通过决议，实施新的香蕉进口体制，将在 2006 年 1 月 1 日之前建立只有通过关税调节的香蕉进口体制。在此之前，欧盟将以 1994—1996 年的历史贸易额为基础分配进口许可证，并增加 B 类配额 10 万吨，减少 C 类配额 10 万吨。在获得 WTO 根据 GATT1994 第 13 条给予豁免的前提下，C 类配额将排他地保留给 ACP 香蕉出口国，这将在一定程度上缓解日益增加的竞争对 ACP 国家的经济影响。在新的香蕉进口体制下，传统的香蕉供应国将可以获得全部进口配额中的 83%，非传统的供应国（如厄瓜多尔）可以获得剩余的 17%。欧盟和 ACP 国家签署了伙伴协议（The ACP-EC Partnership Agreement），以确保将来的香蕉体制不会对 ACP 国家造成太大冲击。但这项协议需要获得多哈授权豁免才能实施。

美国与厄瓜多尔保证，支持欧盟获得所必需的 WTO 授权。一旦完成上述步骤，将明确撤销对欧盟的贸易制裁。欧盟将尽可能迅速地充分执行上述协议和谅解。在 2001 年 11 月 9 日至 14 日召开的 WTO 第四届部长大会期间，欧盟获得了部长大会根据 GATT1994 第 13 条给予的豁免。美国与厄瓜多尔随后撤销了对欧盟的贸易制裁。

2005 年 3 月底至 4 月初，哥伦比亚、哥斯得黎加、厄瓜多尔、危地马拉、洪都拉斯、巴拿马、委内瑞拉、尼加拉瓜以及巴西又针对多哈授权决议诉诸仲裁，认为欧盟在转向完全香蕉进口关税制度中实施的措施与多哈授权不一致。2005 年 8 月 1 日公布的仲裁报告认为，欧盟在转向关税再约束过程实施的制度与保证所有享受最惠国待遇的香蕉提供者的全部市场份额之间仍有差距。因此虽然经过这么多年的反复修改，就欧盟的香蕉进口体制进行的纷争仍然没有结束。

● 六、案例 5：中国冻虾仁遭欧盟退货案

（一）案例背景

2002 年 1 月 4 日，舟山冻虾仁因氯霉素残留遭欧洲退货。浙江舟山出产的冻虾仁以个大味鲜名闻海内外，欧洲是它多年来的传统市场。然而，最近舟山冻虾仁突然被欧洲一些公司退了货，并且要求索赔。经过分析原因，原来当地检验部门从部分舟山冻虾仁中查到了 10 亿分之 0.2 克的氯霉素。冻虾仁里哪来的氯霉素？浙江省有关部门立即着手调查。结果发现，环节出在加工上。剥虾仁要靠手工，一些员工因为手痒难耐，用含氯霉素的消毒水止痒，结果将氯霉素带入了冻虾仁，造成大量退货。氯霉素事件之后，欧盟全面停止了对中国冻虾仁的进口。

（二）我国农产品出口面临的绿色贸易壁垒

我国入世后意味着我国经济将从此纳入世界经济一体化轨道。入世之前，关税、数量限制等是影响我国农业产品出口的主要壁垒，而入世后严格的技术标准、复杂的质量认证，以及名目繁多的包装、标志和卫生及环保等要求构成了新的贸易壁垒，这种壁垒更隐蔽、更难对付。2001 年中国约有 70 多亿美元的出口商品受到绿色贸易壁垒的影响，2002 年以来更呈现增加趋势。

目前已经对我国实施农产品贸易绿色壁垒的国家仍是未来对我国实施农产品贸易绿色壁垒的高概率国家。据统计，主要包括英国、德国、日本、加拿大、西班牙、阿拉伯联合酋长国、韩国、墨西哥、荷兰、沙特阿拉伯、俄联邦和菲律宾。这是由我国农产品出口国家的地域分布来看的。

我国的蔬菜、水产品、肉类产品和水果是进出口量最大的农产品，是特别值得我们关注的农产品。而这些产品恰恰是最容易遭受绿色贸易壁垒的产品种类。近年来，由于我国出口农产品贸易额增加，许多国家为了限制他国的农产品出口，保护自己的农业生产，对我国主要的农产品出口采取了一系列的绿色贸易壁垒措施。"冻虾仁事件"给我们上了沉重的一课。近几年我国农产品由于质量安全方面的原因而在国际市场屡屡受挫的状况已经不在少数。加快发展绿色食品，确保农产品的质量安全，已经成为推动我国农村经济繁荣、增强农产品在国际市场竞争力的重要环节。

我国的绿色食品规范化起步于 20 世纪 80 年代末，尽管目前已形成了由各级绿色食品管理机构、环境监测机构、产品质量监测机构组成的工作系统，建立了涵盖产地环境、生产过程、产品质量、包装储运、专用生产资料等环节的技术标准体系，但绿色食品的数量和产值仍然偏低。据农业部有关专家介绍，目前我国有 1 100 多家企业生产的 2 000 多个产品使用绿色食品商标标志，食品生产量一年为 1 500 万

吨，年销售额 400 亿元。这个数量在总体上还是偏小。浙江省有很多的优质农产品资源，但评上国家级绿色食品的只有 8 个。绿色食品品种和数量过少的根本原因，在于我们长期在农业生产上片面追求数量，忽视了对农产品质量的要求。农业部有关专家在浙江省国际农产品博览会上提出，我国入世之后，质量将成为绿色食品的生命和市场价值所在，必须严格执行科学的绿色食品标准，确保质量，以质量促发展，才能保证我国农产品在国际竞争中的地位，否则是无法抗拒"洋产品"的挑战的。

（三）中国对 WTO 在农业方面所做承诺

（1）降低进口农产品平均关税。

农产品的平均关税从 2001 年的 17.9% 降到 2004 年的 15.6%，2010 年降到 15%。1 000 多种农产品中，其中有 80 余种降到 17% 以内，比如牛肉从 40% 降到 12%，猪肉 20% 降到 12%，禽类 16% 降到 12%，水果 40% 降到 10%。另外，大豆实行单一关税管理，进口税率为 3%。

（2）农产品进口实行关税配额管理制度。

该制度主要在大宗农产品开放方面，对小麦、玉米、大米、植物油、糖等一些重要农产品，由原来实行绝对配额管理制度转变为实行关税配额管理制度，在配额之内进口国只能采取 1% 的关税，从入世之日起到 2004 年，中国承诺的关税配额是，小麦从 845.2 万吨到 940 万吨，大米 376 万吨到 530 万吨，玉米 560 万吨到 720 万吨，棉花 81.4 万吨到 89 万吨，大豆油 251 万吨到 330 万吨。

（3）根据 WTO 规则，一个国家使用关税配额方式时，政府不准垄断控制——包括垄断价格，把一定比例分配给非政府指定的其他贸易部门甚至非国营部门。

（4）世贸组织规定，发展中国家对农业的黄箱补贴为当年农业 GDP 的 10%；发达国家为 5%，中国承诺为 8.5%。

（5）不对任何出口农产品进行补贴。

（6）农业服务领域，入世后允许外国企业在中国设立从事农业、林业、畜牧业、渔业相关服务的合营企业；入世后 3 年内，允许外国服务企业从事农药和农膜的分销，并在中国加入后的 5 年内，从事化肥、成品油和原油的分销。

（四）解决方案

1. 加强水产品质量检测

我国入世之后，质量将成为绿色食品的生命和市场价值所在，必须严格执行科学的绿色食品标准，确保质量，以质量促发展，才能保证我国农产品在国际竞争中的地位，否则是无法抗拒"洋产品"的挑战的。

从"冻虾仁"事件中吸取教训，浙江省开始制订一系列鼓励发展绿色食品、打击危害食品安全活动的措施。杭州市对肉猪实行强制性尿检，凡发现有"瘦肉精"等激素的，一律不准上市，并对责任人加以处罚。省政府拿出 100 万元，让省农业厅抓紧制定浙江省的绿色食品标准，在省里评绿色食品，评上"绿色"贴上标签的，由省政府给以奖励，评上一个奖励一个，动员越来越多的农户自觉地参与绿色食品的开发。

2. 保证信息与时俱进

信息缺失造成的生产和检测与国际的严重脱节，是其中最为重要的原因。在欧盟风波之前，舟山企业的工人在剥制冻虾仁时，一直使用氯霉素涂手止痒，企业和质检部门根本就不知道欧盟对氯霉素的残留有如此严格的标准。此外，中国现有的行业标准中规定的检测项目和数量，也与出口各国的具体要求相距甚远。

3. 更新检测设备

检测设备落后，许多检测因为没有相关的设备而无法实现严格的质量控制。作为水产品出口的重点地区，舟山的检测机构和设备在全国都算是比较齐全和先进的。舟山出入境检验检疫局水产品实验室干事陈明环说，他所在的检验检疫局水产品实验室是华东地区最权威的区域性检测实验室。"可在氯霉素事件发生之前，我们在这方面的监测几乎是空白。"与此同时，全国当时也几乎没有几家机构能够对磺胺、氯霉素、溴制剂、碘制剂、矾类制剂等一些化学药品和兽药类的残留进行检测。大量检测设备必须依赖进口，由于缺乏专业培训和应有的重视，检测人员的水平也与国外相去甚远。有些检测指标，如药物残留等，国外能够检出，而国内的设备和技术人员却无法检出，给出口带来了被动。

（五）后续

经过两年的整顿措施，曾因氯霉素残留而痛失欧盟市场的舟山冻虾仁，于 2004 年 8 月份开始国恢复了对欧盟的出口。

七、案例 6：黑龙江猪肉出口成功规避绿色贸易壁垒

2014 年 11 月 20 日，黑龙江望奎双汇北大荒食品有限公司生产的 125 吨猪肉，从大连港出发漂洋过海，运抵俄罗斯符拉迪沃斯托克。对于中俄贸易来说，这是一个历史性的时刻。因为，俄方对我国的偶蹄类动物及动物产品，从此敞开了紧闭 10 年之久的限制大门。而在这一历史性突破的背后，是从国家质检总局到各地检验检疫机构与俄方长达 10 年之久的持续不懈的沟通和磋商。

（一）十年封锁漫长磋商

很少有人知道，作为当今世界毗邻而居的两个大国，过去 10 年间，中国出口俄罗斯的猪肉仅有 4 000 多吨。这是个什么概念？用两个数据来做个对比便一目了然。数据一：俄罗斯每年猪肉进口需求量在 35 万吨至 40 万吨；数据二：俄罗斯曾是我国肉类出口的最大市场，2000 年前的最高峰期年出口量达 30 万吨。

2004 年 9 月，俄罗斯兽医与植物卫生监督局（以下简称农监局）向该国各口岸发出通告，以我国动物疫情不明为由，全面禁止我国偶蹄类动物及动物产品进口，我国对俄出口猪肉贸易陷入停滞状态。这道贸易壁垒，一竖就是整整 10 年。

其间，因为地理上的原因，国家质检总局最后把谈判任务交给了黑龙江省检验检疫局，由其代表国家质检总局和俄罗斯远东地区的农监部门进行谈判。黑龙江局接手后，又谈了 4 年多，可以说是异常艰苦。此后的谈判过程，几经磋商，屡现曙光，但这层看似薄如蝉翼的隔膜，却始终无法捅破。而这道贸易壁垒，也令中俄双方都深受其害。

（二）几经波折终破壁垒

中国作为世界上最大的生猪养殖和屠宰国家，自 2012 年以来，黑龙江省猪肉价格开始连续走低，猪肉市场低迷，一些中小养殖场接连倒闭。这一点，在号称"黑龙江省生猪养殖第一大县"的望奎县，体现得格外明显。

从 1998 年就开始养猪的望奎县养殖户邵军，在接受《法制日报》记者采访时说，这三年，已经把前十几年挣的 20 多万元全都赔了进去，亏损数额估计得有三四十万元。而对于俄罗斯来说，这道壁垒同样也令自己陷入麻烦。据介绍，在 2014 年之前，俄罗斯猪肉的采购，主要来自美国和欧盟。这一是因为美国和欧盟的生猪饲养量比较大；二是因为美国和欧盟的现代化程度比较高，因此在价格上也很有竞争优势。

2014 年下半年，受乌克兰局势影响，美欧对俄实施大规模经济制裁，为了报复，从当年 8 月 7 日起，俄罗斯开始限制从美国、欧盟、加拿大、澳大利亚、挪威等对俄实施经济封锁的国家进口牛肉、猪肉、水果、禽类、奶制品等食品。这样一场国际形势的风云突变，让俄罗斯痛下决心，寻求新的贸易伙伴。

2014 年 7 月 1 日，国家质检总局食品局与俄农监局局长助理阿列克谢进行临近终点的技术磋商。同年 9 月，俄罗斯最终批准了黑龙江两家企业为首批对俄出口猪肉的企业。至此，在历经 10 年之久的艰苦磋商后，黑龙江省成为目前我国唯一获准对俄出口猪肉的省份。

（三）三方签字才能封箱

事实上，即便是最后放开的两家企业，也是双方不断妥协后的结果。按照程序，中方先推荐企业。首批推荐了 11 家生猪屠宰企业，俄方在经过来华现场考察筛选后，最终确定了两家。俄方解禁的第一步，只是区域性解禁，而不是对整个中国。

作为此次入选的两家企业之一——望奎双汇北大荒食品有限公司（以下简称双汇公司），俄方在对出口企业审核时相当严苛，不但对屠宰加工企业的卫生、屠宰的流程、方法、标准以及品质都有严格的要求，而且要由俄罗斯方面派员来界定生猪来源是否是来自备案厂的生猪。俄方还专门派出驻厂兽医官，备案厂的管理，尤其是防疫管理、微生物管理和药用管理、重金属的检测，都是由中方出入境检验检疫局人员、俄方驻厂兽医官和企业共同完成，只有三方都在检验单上签字以后，出口产品才能进行单独封箱、单独存放等待装车。

恢复对俄出口猪肉后，检验检疫部门对出口肉类备案养殖场的管理和规范也变得更严格了。作为备案养殖户来说，要签订协议书，承诺对药物残留等严格限定，要负法律责任。

我国对出口食品的管理制度是比较严格的，比如说生猪养殖场，除了要符合内销的各项管理规定，还要取得出口备案资格，食品加工厂才能采购其生猪，用于出口加工。望奎还有很多这样规模的饲养场，但大部分都没有取得出口备案资格，食品加工厂便不能向其采购。

此外，按照国家质检总局的要求，黑龙江省检验检疫局还对全省 11 家出口猪肉备案企业和 8 家进口肉类收货人进行了监督检查。约谈了双汇集团等两家出口企业，要求企业严格遵守中俄两国规定，切实履行食品安全第一责任人责任。

在政府和检验检疫部门的大力推动下，恢复猪肉对俄出口过程着实不易，对企业来说也是一个很大的机遇，为了获得俄罗斯市场对中国产品的认可，为了带动黑龙江的猪肉市场早日走出低谷，再严苛的标准，作为企业来说也值得。

（四）由点到面迎接挑战

从 2014 年 9 月解禁至同年年底，共有黑龙江省的 4 198 吨优质猪肉陆续抵达俄罗斯。这对高峰时一天能屠宰 4 000 多头猪的双汇公司来说，这个数字显然"杯水车薪"。令人感到忧心的，是在望奎双汇公司的标准化冷库里，准备出口俄罗斯的猪肉已经装箱完毕多日，但因为近段时间卢布的贬值，公司暂停了发货。

2014 年，卢布兑美元全年累计贬值逾 45%。2013 年 11 月，俄罗斯国内生产总值出现自 2009 年以来的首次萎缩，年底通货膨胀率达 11%，卢布的贬值让出口企业始料未及。即便如此，企业仍然在想办法，比如说把物流方式从海运改成更方便的陆运，节省结算时间，降低成本，以应对外部经济环境的挑战。

毕竟，俄罗斯对于猪肉制品的刚性需求不会因为经济环境而产生巨大变化，中国特别是黑龙江省与俄罗斯相毗邻，产品的质量和价格优势会随着时间进一步放大。接下来出口量希望加大到总产量的 40%，而这将对包括生猪养殖、屠宰加工企业、物流企业、甚至上游的饲料种植加工的整条出口产业链都会有很大的帮助。

恢复对俄猪肉出口提振了市场信心。据统计，恢复对俄出口猪肉之前，黑龙江省猪肉备案养殖场 191 家，而在恢复对俄出口猪肉之后，仅 9 月和 10 月两个月，共有 422 家养殖场申请备案，备案养殖场数量增加了 120%。通过政府有关部门的努力，帮助企业打开了这个市场，站在企业的角度，应该珍惜这一来之不易的机遇。

对于政府部门来说，应该做的就是把市场打开，扶持企业发展，去解决企业最想解决又无力去解决的问题，同时按照国家的法律规定，做好职责内的监管工作。

小结

食品卫生安全是当今世界各国普遍重视的一个全球性问题。欧盟作为世界上法制最完备、经济最发达、科技最先进、公民生活质量最高的地区之一，也曾屡屡遭受食品安全问题的严重冲击。以上六个典型案例分别从欧盟内部、欧美之间、中欧之间等多方面、多角度地分析了欧盟食品安全法规体系下的贸易情况，从中可以看出，即使是标榜拥有世界上最严格食品安全制度的欧洲，如果放松管制和要求也会出现食品安全事件；而我国作为各类制度正处于完善和进一步规范阶段的发展中国家，只要严格监督管制，大力扶持企业，也可以解决看似难以解决的食品安全问题。

第五章　我国应对欧盟等发达国家和地区技术贸易壁垒的措施

　　针对日益严格的技术性贸易壁垒，从破壁主体看，政府应当积极面对，并发挥其引导作用；行业协会、民间社团、企业也应以积极、主动的态度加紧对有关贸易协定知识的学习并对其加以运用，在新的贸易保护主义下，齐心协力共同跨越外国技术性贸易壁垒。从战略调整上看，我国食品出口发展应当鼓励自主开发、直接对外投资的破壁方式。同时筑起自己的技术性贸易防卫体系，在破壁战略上实现跟随壁垒向自主设置壁垒转变，尽快缩短与发达国家在技术性贸易壁垒方面的差距。

● 一、战略上的调整：鼓励自主开发、直接对外投资

　　"十二五"规划建议指出：加快转变对外贸易增长方式。优化进出口商品结构，积极发展对外贸易，着力提高对外贸易的质量和效益。扩大具有自主知识产权、自主品牌的商品出口，鼓励进口先进技术设备和国内短缺资源，控制高能耗、高污染产品出口，完善大宗商品进出口协调机制。继续发展加工贸易，着重提高产业层次和加工深度，增强国内配套能力，促进国内产业升级。大力发展服务贸易，不断提高服务贸易的层次和水平。健全外贸运行监控体系，完善公平贸易政策，增强处理贸易争端能力，维护企业合法权益和国家利益。推动区域和双边经济合作，积极参与多边贸易谈判，促进全球贸易和投资自由化、便利化。实施互利共赢的开放战略。深化涉外经济体制改革，完善促进生产要素跨境流动和优化配置的体制和政策。继

第五章　我国应对欧盟等发达国家和地区技术贸易壁垒的措施

续积极有效利用外资，切实提高利用外资的质量，加强对外资的产业和区域投向引导，促进国内产业优化升级。着重引进先进技术、管理经验和高素质人才，做好引进技术的消化吸收和创新提高。继续开放服务市场，有序承接国际现代服务业转移。支持有条件的企业走出去。按照国际通行规则到境外投资的协调机制和风险管理，加强对海外国有资产的监管。吸引外资能力较强的地区和开发区，要注重提高生产制造层次，并积极向研究开发、现代流通等领域拓展，充分发挥集聚和带动效应。积极发展与周边国家的经济技术合作。在扩大对外开放中，切实维护国家经济安全。制成品在国际贸易商品结构中所占的比重将日益增大，即使是初级产品也不例外，绿色化倾向也越来越强。政府和全社会要加大宣传教育力度倡导健康消费、文明消费，提倡符合人类需求发展方向的消费模式和生活方式。与此同时，政府应强化政府、企业、农户关于食品的标准化意识，把工业化生产的理念运用于食品生产，在采用现代农业科技成果和先进经验的基础上，通过制定食品生产、加工标准，规范食品生产、加工、经营销售等各个环节的活动，提高产品质量，增强农业经济效益。食品标准化生产以及人们标准化意识的提高有利于充分利用农业资源、保护生态环境、保障消费安全、促进能突破 TBT 的新产品大量涌现。随着我国加入世贸组织后，农业国际化的趋势日益增强，食品面对国际市场的激烈竞争和严峻挑战。加快推进食品标准化，确保食品质量安全，提高食品的市场竞争力，是我国食品成功开拓国际市场的必然选择。"十一五"规划明确指出，我国要进一步提高对外开放水平，同时也强调要加强企业的自主创新能力，积极发展对外贸易，改变我国对外贸易增长方式。

政府应当逐步建立以省级机构为依托、市级机构为骨干、县级机构为基础的食品检测体系，并建立健全食品质量安全监测制度，对食品产前、产中、产后安全要素进行有效监控。市级质检部门和涉农部门的检测机构要根据各自的专业特点、分工负责，避免重复建设的原则，完善食品的质量安全检测手段，实现对动、植物疫病、农业生产环境污染物、食品中农药残留量、食品中有害微量元素检测和食品品质及主要质量指标的常规检测。积极推行相关认证工作，加强食品质量监测体系建设，政府应当加强引导企业尽快建立健全食品认证和产品注册体系、食品质量检测和监督体系、食品安全市场体系，从生产、流通、加工等各个环节对出口食品质量进行监控，提高食品的国际竞争力。

二、完善技术创新体系，大力支持和推动行业公共技术服务平台的建设

业内专家分析认为，技术性贸易措施是一项以技术为基础，以人才资源为技术核心的工作。国外技术性贸易措施对我国影响的大小取决于我国应对措施的技术支

撑能力。解决技术性贸易壁垒的根本出路在于技术本身，即通过提升出口产品的技术含量。由于技术创新与开发的专业性强、技术含量高、研发成本巨大，一般企业不愿进行投资开发与生产。因此政府应当借鉴国际经验，重点扶持能越过技术性贸易壁垒的新产品的设计与开发。在行业公共技术服务平台建设上，以实业经营为核心的企业提供增值的行业也不愿意利用自己的资源去为社会提供公共物品，为行业创造福利，因为企业也是理性的经济人。而行业公共服务技术平台又具有整合行业和社会的分散资源，以资源共享为核心，突破资源分散性、封闭性和垄断性的制约，形成资源信息的共知、共建和共享，发挥资源互补的优势。行业公共服务技术平台坚持资源整合、发挥优势、利益共享、服务至上原则有利于不断提升公共服务的社会水平和管理水平，突破技术瓶颈，实现整个行业在技术需求层面的飞跃，推进行业向纵深方向发展。同时，充分发挥科研单位、农业院校和技术机构的技术骨干作用，加强对与食品出口相关人员的教育培训，在资金、立法和政策上对企业加以扶持。为此，作为具有公共物品性质的行业公共技术平台，应以政府投入为主，企业出资为辅，大力推动和支持行业公共技术平台的建设。政府还应当积极完善公共技术服务平台建设规划，充分发挥已有的基础优势，强化全社会科技资源的整合集成，通过有效增量投入，激活存量资源，促进现有资源的优化提升，最大限度的发挥资源潜能对检测、监控、化验等方面等具有基础性、公益性的科技资源进行集成、整合、优化和提高，按照整合、共享、完善、提高的要求。政府在对平台运行机制的协调与监管中，坚持政府导向与企业发展的实际需求相结合、地域发展与平台布局相结合、统筹发展与兼顾效益相结合的原则。探索以共享为核心的管理体系和有效运行机制，凝聚一支专门从事科技公共服务和技术支撑的专业化人才队伍，形成设备更加齐全、功能更加完善、服务更加全面、攻关研究更加前沿的具国内外领先水平的区域公共技术服务支撑体系。随着公共技术服务平台的逐步完善，公司将在行业共性技术平台、技术应用服务平台领域、科技创业公共服务平台进一步拓展、开发和完善。

三、食品出口企业应对技术性贸易壁垒的主要对策

我国食品出口企业规模小，实力较弱，而且对于 WTO 下的贸易运行体系和操作规则相当陌生。从细节上和宏观上全面熟悉和掌握相关规则和《技术性贸易壁垒协议》的要求十分必要。它们在国际贸易中，由于在这方面知识的缺陷导致了我国食品出口应对技术性贸易壁垒不同的研究频次，具体如表5-1所示。

表 5-1　　　　　　　　TBT 应对措施实施主体分布情况（频次）

	企业	行业协会	政府
在中国建立国际认可的实验室测试设施	8	19	59
建立国外市场技术准入数据库	7	35	50
建立技术性贸易措施预警机制	9	33	44
在企业生产标准化方面予以指导	12	40	24
改善企业自身的测试设施	66	3	6
在获得 ISO9000 认证方面得到援助	22	18	31
在获得 ISO14000 认证方面得到援助	20	18	30

资料来源：引自《食品出口技术性贸易壁垒问题研究》。

　　结合我国食品出口企业的实际运行状况、我国的政策环境以及我国发展的现实水平，以政府、企业、行业协会为三大应对主体，对主要应对技术性贸易壁垒的对策进行分析。不难发现，行业协会、企业和政府在应对技术性贸易壁垒上都有其存在的主观理由，事实上也可能是这样，但是否真是如此，目前还无法给予充分的论证。但这三大主体中，企业认为，行业协会和政府应当承担更多的责任和扮演更重要的角色，这一点对于政府（权力资源的掌控者和资源的分配者）而言，更是如此。因此，三大主体在博弈过程中可能出现的低水平均衡陷阱（技术性贸易壁垒措施这一产品提供的低效率）导致了应对技术性贸易壁垒的效果不理想。

　　因此，需要在技术标准方面得到援助，在取得 SASO 认证方面得到援助，在实施 OHSAS 职业安全卫生管理系统方面得到援助，在建立标准体系方面得到援助，改进企业质量管理，有针对性地对进口国新的技术要求进行培训。在中国建立和完善国际认可的实验室测试设施，建立便于企业查询的国外市场技术准入要求数据库，建立技术性贸易措施预警机制，使企业及时了解国外的技术要求，并在企业生产标准化方面予以指导，改善企业自身的测试设施。

四、政府应对技术性贸易壁垒的主要对策

（一）加强思想引导，强化食品标准化意识

　　目前，技术性强的制成品在国际贸易商品结构中所的比重将日益增大，即使是初级产品也不例外，绿色化倾向也越来越强。政府应当强化宣传教育力度，增强国民的技术经济意识。政府应强化政府、企业、农户关于食品的标准化意识，把工业化生产的理念运用于食品生产，在采用现代农业科技成果和先进经验的基础上，通过制定食品生产、加工标准，规范食品生产、加工、经营销售等各个环节的活动，

提高产品质量，增强农业经济效益。与此同时，政府和全社会要加大宣传教育力度，倡导文明消费、健康消费及提倡符合人类需求发展方向的消费模式和生活方式。食品标准化生产以及人们标准化意识的提高，有利于充分利用农业资源，保护生态环境、保障消费安全、促进能突破 TBT 的新产品大量涌现。随着我国加入世贸组织后，农业国际化的趋势日益增强，食品面对国际市场的激烈竞争和严峻挑战。加快推进食品标准化，确保食品质量安全，提高食品的市场竞争力，是我国食品成功开拓国际市场的必然选择。

（二）积极推行相关认证工作，加强食品质量监测体系建设

政府应当逐步建立以省级机构为依托、市级机构为骨干、县级机构为基础的食品检测体系。并建立健全食品质量安全监测制度，对食品产前、产中、产后安全要素进行有效监控。市级质检部门和涉农部门的检测机构要根据各自的专业特点、分工负责，避免重复建设，完善食品的质量安全检测手段，实现对动、植物疫病、农业生产环境污染物、食品中农药残留量、食品中有害微量元素检测和食品品质及主要质量指标的常规检测。政府应当加强引导企业尽快建立健全食品认证和产品注册体系、食品质量检测和监督体系、食品安全市场体系，从生产、流通、加工等各个环节对出口食品质量进行监控，提高食品的国际竞争力。

（三）建立食品质量可追溯体系

国外食品安全事件频发，从欧洲的疯牛病、美国菠菜到花生细菌污染事件，乃至美国宠物食品原料污染事件，对全球食品贸易形成负面影响。食品质量安全问题已成为世界各国面临的共同挑战。我国食品出口企业也应当对食品质量安全问题引起重视，建立食品质量可追溯体系，实现破壁的可视性、可追踪性和可监控性，从生产源头抓起，最大程度保证出口产品的质量安全。为更好地适应国际食品的质量安全要求，避免因食品质量安全问题事件的产生，确保出口食品顺利进入进口方市场，商务部联合有关部门指出，必须建立食品质量可追溯体系。

（四）加强食品生产基地建设，强化对农民的组织和引导

作为食品出口的主体，食品出口企业在这个过程中实际上是集生产、加工、销售于一身的，即使有些企业自身并无从事实际的农业生产活动，但作为原产品的收购者（有合同收购和无合同收购）对食品的生产基地、生产方式、产品品质等具有浓厚的兴趣，也有熟知、参与和指导、提供咨询等必要。在应对技术性贸易壁垒上，农民本身并无积极参与和投入的激励，或者说至少这种激励的存在还不足以唤醒农民积极应对技术性贸易壁垒的行动。因此，企业在食品生产中的作为及选择对食品的生产具有重要的意义。在上一章中，提到我国农村的生产、社会环境不利于企业

的生产经营的几个方面的表现，正因为这些因素也导致了食品品质的诸多问题，所以企业加强食品生产基地的建设，强化对农民的组织和引导至关重要。可以举办各类培训班，提高基地农民对食品安全知识的了解水平。企业可以根据实际需要，对食品生产规范性、食品食用安全性、食品中农药残留问题避免或弱化等问题进行详细介绍，定期组织从事一线食品生产的农民（或是员工）参加学习。争取让农民（或员工）对食品安全知识问题有个全面、客观的认识。食品安全问题的产生，为企业本身、我国经济乃至整个国民经济都造成了巨大的损失。一些关于歧视性贸易问题和倾销问题也往往因此而产生，所以要全面彻底地把握《技术性贸易壁垒协议》的深刻内涵和外延，才能最大限度地利用好技术性贸易壁垒中有利于自己的各个方面，也才能够在与国际上强大的竞争对手抗衡时立于不败之地。加强对与技术性贸易壁垒有关的各类文件、各种商法的学习是当前食品出口企业的重要任务。面对形形色色的技术性贸易壁垒措施，企业只有全身心地加强对各类文件、各种商法的学习，熟悉、掌握 WTO 的运行规则，才有利于企业在对外贸易中，充分利用《技术性贸易壁垒协定》有关条款，研究如何利用技术壁垒协议中的技术法规，以求最大化地运用其有利制度和条款，对明显的歧视性措施，要坚决予以反击。

（五）大力发展特色食品和有机食品，努力构筑农业外向型经营模式

我国的蔬菜、水果等在出口中都有着天然的优势。而有机食品正是基于无公害、无残留毒物、纯天然、无污染、安全营养的食品，大力发展这种生态产品将不会陷入技术性贸易壁垒的困境，而且也迎合了人们的绿色消费潮流，深受人们喜爱。凭借我国特色资源和优势资源，生产国外很少生产或根本无法生产的或是因成本太高导致无法生产的食品，这对于食品出口企业突破技术性壁垒将大有裨益。对于这种产品的生产能够增强出口企业的核心竞争力。应推广"公司+基地+农户+标准"的农业外向型经营模式，实行规模化生产，统一标准、统一管理，推进农业向专业化、集约化、标准化、信息化方向发展；需面向市场，从当前食品消费的绿色潮流出发，大力发展食品深加工，加大食品生产的技术革新力度。同时也应积极创建自有品牌，扩大国际知名度，将食品的比较优势转化成竞争优势；应该尽快建立技术性壁垒和反倾销的预警机制。对于食品加工企业来说，还要配备必要的食品质量安全快速检测手段，加大对农药残留量、兽药残留量等有害物质的检测。逐步形成企业自检体系、社会中介组织检测体系和政府监管检测体系在内的三类食品质量检测体系网络。咨询、协调矛盾和利益、规范竞争秩序、维护会员合法权益、与政府部门沟通协商，向政府和企业献计献策。行业协会掌握着一般企业无法了解的各种动态，是一个行业的信息中心。成功的食品出口，对于食品的要求不仅是技术含量高、质量好、产品安全，还要求生产方式、生产环境等符合国际标准，靠农户分散生产、分散管理是难以满足这些要求的。由于出口商获取海外信息的渠道有限，因此行业协会是他

们信息的重要来源。一般来说，行业协会可以通过发行内部刊物，并举办各种培训班和国际性的研讨交流会，方便出口商了解有关信息，更好地扩大出口。另外，行业协会在收集、整理、交流、跟踪国外的技术性贸易壁垒的实施状况和发展状况，国际经济技术信息资源的分配和市场供求状况以及对各种技术壁垒指标的分析、定位和评价方面发挥着重大的作用。

（六）行业协会应当与政府、企业一道建立起多层次的产业预警机制

在产业预警机制建设上，发达国家功能完善、作用明显的行业组织发挥了重要作用。而我国行业组织就目前所发挥的作用还未能在产业预警机制建设与发达国家相抗衡，长期处于不利的竞争局面。这带来的直接后果是相对发达的行业组织赋予了国外企业相对于中国企业的团队竞争优势。建立多层次产业预警机制，是 WTO 自由贸易目标及其规则的客观要求。在这种情况下，建立多层次的产业预警机制势在必行。参照国际经验，发达国家的行业协会在这方面已经做得相当出色。对于我国出口贸易发展而言，行业协会也应当在这方面有所作为，与政府、企业一道建立起多层次的产业预警机制。行业协会应当在企业提高竞争力和政府改善职能的基础上，充分发挥其专业性、服务性和纽带性的作用与职能，面向国际市场，针对各行业的生存特性、发展阶段、生产规模和国际市场上产品的供求关系、价格水平、技术标准、质量要求、创新能力、环保要求等一系列情况进行研究、追踪和交涉，根据不同产业的发展层次和在加入 WTO 后所面临的困难建立良好、规范、有效的应对措施，提高对食品质量安全重要性的认识。企业也应着力提高农业技术装备水平，尽量实现流水化生产，避免因手工操作带来的诸多问题，当然这还受到自然环境的限制，仍需要很长的一段时间来逐一解决。

同时，还可以帮助农民改善农业生产条件。农业生产条件的改善离不开资金的投入，企业应主动并有计划地加大对基地农业基础设施建设的投入力度。改善企业农业基础设施建设，可以提高农业生产的外部抵抗力。

此外，由企业充当游说者，积极争取政府对农业支持也十分关键。在某种程度上，政府的支持有助于农业问题得到比较完美的解决，企业游说政府支持农业主要体现在三个领域：资金结构调整、农业科技推广、制度体制改革。同时要构筑基地生产全程监控体系。许多企业由于受到资金、技术等条件的限制，在这方面的建设十分薄弱，甚或根本没有投入。当然，也有很大一部分因为是企业的不重视和无所谓的态度而造成的，但基地生产监控体系的建设对于企业从源头规范产品的生产、控制产品的质量、跟踪产品的环节变化具有重大的作用。很多食品质量安全问题无法得到及时、有效地避免和解决很大程度上是由于缺乏这种监控体系。对此，企业应该从企业发展的战略眼光来思考问题，为企业的长远发展加大在这一领域的资金预算和投入。孙敬水认为，为适应国际分工的要求，我国传统优势产业将得到进一

步发展；处于幼稚期的产业（如资本密集型和技术密集型产业）将面临巨大的压力和挑战，长期受保护的产业将由于技术落后、政策变动等原因面临大规模的产业重组；对于一些市场需求层次高、产品附加值高，但成本相对较高的产业也很难在短期内在生产和出口上求得快速发展。按照这种产业发展趋势的推理，目前大部分产业的发展层次无法避免国外技术性贸易壁垒的限制。

● 五、行业协会应对技术性贸易壁垒的主要对策

行业协会在食品出口应对 TBT 过程中将发挥越来越大的作用。行业协会的市场主体地位在符合国际惯例、市场规范的各种谈判中的重要性已愈发明显，行业协会已成为政府、企业、农民在共同就对 TBT 过程强有力的组织载体。行业协会作为企业的自律管理组织，拥有众多的企业会员，熟悉行业特点，同时又与政府保持着密切联系，可以在应对技术性贸易壁垒的过程中承担许多必需但难以由政府和企业直接承担的事务，很好地发挥自身独特的作用。

（一）充分发挥纽带作用，向政府、企业提供 TBT 信息

由于行业协会是企业出于共同利益下组织建立起来的一种组织，代表的是本行业的利益，其能够深入行业的内部，熟悉行业面临的困难和遇到的难题，以及国际上主要竞争对手的情况、目标市场技术性贸易壁垒的设限情况，行业协会成为沟通连接政府和会员的桥梁和纽带。相比于政府，行业协会在为企业提供 TBT 信息上更加及时、准确和客观。与此同时，行业协会还应当关注国外产品的进口动态，及时向企业和政府提供国际市场的动态数据和分析报告，适时调整自身产品的出口规模与结构，以争取达到遭遇技术性贸易壁垒最小化。一般而言，行业协会主要的职责是为会员提供服务、多层次产业预警机制和的贸易预警机制。

（二）行业协会自身的不断完善

中国加入 WTO 后，中国食品出口频频遭遇国外技术性贸易壁垒。目前，我国具有比较优势的食品出口由于目标市场壁垒设限、标准提高及自身存在的缺陷等原因，出口形势严峻；在资本密集型产品、动植物油、脂及蜡大类中的各种产品中大多缺乏国际竞争力。在技术性贸易壁垒日益广泛和深入的态势下，我国食品质量的提升、出口标准的强化、出口结构的调整已迫在眉睫。

我国行业协会发展水平和层次比较低，当前的发展现状无法真正发挥出国务院办公厅印发的《关于加快推进行业协会商会改革和发展的若干意见》（简称《若干意见》）所指出的各种作用。行业协会自身的不断完善，才能真正发挥其桥梁和纽

带作用，提高破壁的应对水平。《若干意见》指出，加快推进行业协会商会改革和发展有利于完善社会主义市场经济体制、转变政府职能、增进国际交流合作和应对日益增多的国际贸易摩擦和行业实现健康有序发展。行业协会主要从管理制度、队伍建设和功能发挥加强自身的建设。在队伍建设上，除对现有人员进行专业培训、更新知识外，还应广泛吸收社会上的专业人才充实协会队伍，从思维模式、知识结构和行为能力等各方面予以提升，方能满足协会发展的要求。在制度上，按照行业协会章程和企业会员订立的各种协议，完善人事管理制度、财务管理制度和协会运行机制的建设。在功能完善上，进一步明确协会的功能，更多地体现为专业性、服务性。维护企业和社会利益是行业协会强烈的使命感和责任感。是否把营利性纳入协会运转的轨道，目前还有待于进一步商榷。为了实现行业协会各种职能的充分发挥，真正起到对经济发展的促进作用，政府和企业还应在对行业协会的监督实行制度约束和管理控制。行业协会是企业遵循市场规律按自愿原则组织起来的民间组织，其负责人往往由行业龙头企业出任，他们对行业情况了如指掌，对维护行业利益有很强的责任感。目前，大多行业协会还把营利性纳入协会运转的轨道，从这个角度出发，政府和企业还应在协会运转的资金来源进行管理和调节，为行业协会提供充足的资金来源保证协会的正常运转。再次，行业协会为应对 TBT 案件建立了切实可行的资金筹集渠道。由谁出钱来打官司是一个十分敏感的利益问题，行业协会还应通过各种途径（国外使馆，贸易机构，媒体等）广泛收集国外尤其是贸易对象国和地区的行业标准、产品质量标准、检验检疫标准和环保要求，及时提供给相关企业，以便它们研究对策，尽快适应，提高应对 TBT 能力。

第六章　欧盟食品安全法规对我国的启示

一、欧盟食品安全风险防控体系的启示

　　20 世纪 90 年代，随着欧洲疯牛病、禽流感等一系列食品安全危机的爆发，欧盟各国经济与贸易遭受重创，同时也影响公众对国家食品安全的信任，暴露了欧盟食品安全体制的弊端。这促使欧盟对内部食品安全管理体制进行全面改革，最终通过立法确立了食品风险防控的原则，逐步建立起完备的食品风险防控体系。本文通过深入挖掘、剖析欧盟食品安全风险防控体系的管理模式，力图为我国食品安全风险防控体系建立提供建设性的意见。

（一）欧盟食品安全风险防控体系的基本原则

　　20 世纪 80 年代末，风险防控开始运用于食品安全领域，它是目前世界上公认的有效的食品安全管理机制。联合国粮农组织（FAO, Food and Agriculture Organization）和世界卫生组织（WHO, World Health Organization）联合专家咨询委员会于 1995 年将风险防控体系定义为包含风险评估（Risk Assessment）、风险管理（Risk Management）和风险交流（Risk Communication）三个有机组成部分的一种过程。食品安全风险防控体系一般遵循以下几个基本原则。

　　1. 风险评估与风险管理相分离原则

　　风险评估是风险防控体系的基础。它是对食源性危害，包括农药、食品添加剂、化合物、微生物、环境污染等因素的科学评估，以判定其对人体健康产生已知的或潜在的不良影响。具体包括危害识别、危害描述、暴露评估、风险特征描述四个环节。风险评估主要是分析食源性危害、提供待选解决方案以及为风险管理提供科学支持。风险管理是在接受风险评估结果的基础上，尽量降低或减少政策权衡过程，选择并实施适当措施。这一环节包括四个步骤：风险评价、风险管理选项评估、风险管理决策及实施、监测和审查。其目标是通过选择和实施适当措施，尽可能有效地控制和减少食源性危害。由上所述，风险评估是一种科学行为，而风险管理是一种行政行为，这两种职能一旦混淆，极易出现食品安全管理中的管制俘获现象。因此，风险评估与风险管理相分离是避免管制俘获，实现食品安全风险防控体系高效、科学运作的重要原则之一。

2. 公开与透明原则

风险交流是公开透明原则的制度体现，同时也是风险防控体系运作民主化的最好阐释。风险交流的对象包括风险评估者、风险管理者、国际组织、政府机构、企业、学术团体、消费者、媒体等相关利益群体。由于风险管理者对风险认知与大众对风险感知之间存在"天然的裂痕"，因此需要通过报刊、网站、新闻发言等一系列渠道展开有效的风险交流，将风险的特征、影响、危害程度、评估的不确定性以及管理方案等信息公开，并与公众就此展开互动，借此维系公众对于风险管理者的信任，防止风险的社会放大。公开、透明的风险交流是减少食源性危害，防范食品安全风险的必要条件。

3. 专业性与科学性原则

专业性与科学性原则贯穿于风险防控体系的始终。所谓专业性原则，即风险防控的过程，一律由具有专业领域知识和操作技能的部门和人员主导。专业化的操作流程，既有利于提高工作效率，避免监管机构冗杂与职责推诿，又有利于保证风险防控的专业水准与政策制定的公信力。而科学性原则集客观规律性、系统性和实践指导性于一体，包括运用科学规律和理论指导食品监管活动的实践以及采用先进的科学技术手段提供强有力的技术支持等。这一原则的目的在于及时发现风险，制定措施，展开交流，提高食品安全管理的时效性和力度。

（二）欧盟食品安全风险防控体系的运作机制

欧盟食品安全风险防控体系由两部分组成：一是负责风险评估和风险交流的欧盟食品安全局（EFSA，European Food Safety Authority）；二是负责风险管理职能的欧盟委员会（EC，European Commission）。这一体系的设计与运作，较好地体现了食品安全风险防控的基本原则。

1. 独立的风险评估机构——欧盟食品安全局

欧盟食品安全局是一个独立的法律实体，负责监视整个食品链，工作上完全独立于欧盟委员会，其经费来源于欧盟财政预算。欧盟食品安全局主要承担以下职能：

提供应对食品安全问题的科学指导和建议，分析潜在食品安全风险信息；监测特定风险因素和疾病；开发、推广和应用食品与饲料新的风险评估方法；对紧急风险进行识别和早期预警；建立与公众之间的对话交流，在其职权范围内向公众提供有关信息等。

欧盟食品安全局主要由四个部分组成，分别是管理委员会、执行董事、咨询论坛和科学委员会。

管理委员会包含 14 个成员和 1 个欧盟委员会代表，工作人员任期为四年。这 14 个成员是由欧盟委员会起草人员名单，经欧盟理事会与欧盟议会进行磋商后任命的，他们的工作是制定财政预算和工作计划。

执行董事听命于管理委员会，负责食品安全局日常的管理工作，如与食品有关的健康风险问题、动物保健和福利、植物保护以及风险沟通等，同时也负责任命本局的技术类、科学类、管理类和通讯类等工作人员。

咨询论坛负责对安全局的工作和各成员国所公布的食品安全问题提供科学反馈和信息支持，对潜在食品风险的信息和知识进行交流。

科学委员会是由 8 个科学小组的组长和 6 个高水平的独立（即非 8 个科学小组的成员）科学家构成，主要负责监督和协调科学小组在风险评估中的工作，确保小组意见一致。这 8 个科学小组由 21 位专家组成，他们是在咨询论坛提议的基础上由管理委员会任命的。科学小组各司其职，分工明晰，极大地提高了风险评估的效率。

欧盟食品安全局一直坚持工作的高度公开和透明性，制定一系列程序，以规范自身行为。同时，该机构的咨询论坛也经常开展学术会议和研讨会来加强成员国等利益相关者之间的联系和交流。

2. 行之有效的风险管理机构——欧盟委员会

欧盟委员会是一个独立于成员国的超国家机构，它负责贯彻执行欧盟理事会和欧洲议会的决策。在食品安全方面，它负责欧盟食品安全监管的相关法律文件（指令、条例、决定）以及食品技术标准的制定和具体贯彻执行。此外，欧盟委员会可以对食品安全立法、政策和具体项目的实施提出意见和建议。

欧盟委员会专门设有健康与消费者保护总署（Directorate General for Health and Consumers），具体负责化学药品、杀虫剂、农药残留等相关食品安全问题，以及公共卫生、消费者事务等工作。健康与消费者保护总署之下设有 7 个部门。欧盟委员会根据欧盟食品安全局的风险评估结果以及科学建议进行决策，最终实现行之有效的食品安全管理。

健康与消费者保护总署下设的食品和兽药办公室是一个重要的监督机构，负责监督成员国和第三方国家有效落实欧盟有关食品安全的法律法规。它运用审核、控制与调查的手段独立行使自己的监控职能，并始终保持高度透明。在监督过程中，如果发现成员国没有遵守欧盟的食品安全法律，该机构会将情况反映给欧盟委员会，欧盟委员会有权向欧洲法院提起诉讼。

3. 欧盟食品安全风险防控系统

（1）建立了食品、饲料快速预警系统（RASFF）。

欧盟建立了食品、饲料快速预警系统（RASFF）。该预警系统主要是针对成员国内由于不符合相关法律法规要求而引起的食品安全风险，一旦工作网中的成员国发现与食品和饲料有关的健康风险问题，就会及时通过该系统通知欧盟委员，欧盟委员在经过相关机构的核查和评估后会在第一时间将这一信息通报给其他成员国。这一庞大的网络，使信息可以迅速上传下达，实现食品安全风险信息的充分交流，进而有效地减少食品安全问题所造成的损失。

（2）建立了可追溯制度。

为了实现"从农田到餐桌"的全程食品监管，欧盟于 2002 年 1 月颁布了 178/2002 号法令，要求其成员国对家畜和肉制品开发实施强制性的可追溯制度。欧盟采用了全球统一标识系统（EAN·UCC 系统），它能避免由于众多系统互不兼容所带来的时间和资源的浪费，从而降低运行成本，实现信息流和实物流快速、准确地无缝链接。依托这一系统，欧盟建立了一个完备的统一数据库，记载了每个产品在整个生产链条中从源头生产到终端销售的详细信息。

（3）建立了危害分析和关键节点控制系统（HACCP）。

危害分析和关键节点控制系统（HACCP）是一种有效而全面的预防体系，它被认为是目前控制食源性疾病的最有效方法。该技术对原料、关键生产工序及影响产品安全的人为因素等危害风险进行科学的鉴定、评估，确定加工过程中的关键环节，从而建立、改进关于食品的监控程序与标准，进而采取和制定一系列解决措施。欧盟引入该技术能够有效预防食品安全危机的发生，节约治理成本，更为经济的保障食品安全。

（三）欧盟食品安全风险防控体系对我国的启示

近年来，我国食品安全危机频发，不仅给居民食品消费信心带来沉重打击，而且动摇了政府机构在食品安全治理中的权威和公信力。我们认为，可以参考欧盟食品安全分析体系，在如下方面改革我国的食品安全监管体制。

1. 设立独立的食品安全风险管理机构

我国食品监管部门众多，难以形成合力，监督缺位与过度监管并存。这种由多部门分段管理的"串联"模式，很难界定职权范围，管理部门之间难以协调一致。根据欧盟食品安全风险防控体系的机构设置经验，在我国建立一个独立的食品安全风险管理机构是十分有必要的。同时，独立的管理机构能更迅速地进行风险决策，及时公开食品安全信息，更好地防范和化解食品安全危机。

2. 建立以实验室为依托的风险评估体系

有效的食品安全风险管理离不开高水准、专业化的科学检测和研究体系。目前，我国有关食品安全的检测仪器设备相对陈旧落后，检测人员总体水平不高，缺乏类似于欧盟食品安全局的具有高度权威性和先进标准性的食品安全检测机构，技术能力成为我国食品安全管理中最为薄弱的一个环节。因此，我国亟待建立以实验室为依托的风险评估体系，整合原有的分散科研机构，通过积极引进新技术、新方法、新标准、新思路、新型人才等，大力提高食品检测和研究的水准，及时提供有关食品安全风险评估的研究结果与科学建议，从而为我国的食品安全管理提供权威性的科学支撑。

3. 畅通风险交流渠道，提高开放度与透明度

在风险防控体系中，风险交流必不可少，其意义十分深远。我国的风险信息交流，往往缺乏时效性，公众对食品安全现状的了解比较滞后，这在一定程度上诱发了公众对食品安全的信任危机。因此，我国政府需要增强食品安全信息发布的及时性、准确性和能动性，着手建立一整套食品安全信息公开发布的机制，大力畅通风险交流渠道，通过媒体、网络等方式定期发布食品安全有关信息，使公众可以及时获取客观资讯，同时可以随时反映食品市场上存在的潜在食品安全问题，建立起一个双向互动的沟通网络。除此之外，食品监管部门也应当定时公开其内部的规章、制度和工作流程等信息，以提高自身的开放度与透明度，确保公众的知情权和监督权，更好地发挥监管职能，保障人民的权益，减少食源性危害的发生，促进我国食品市场的健康发展。

二、欧盟食品安全法律制度的启示

（一）我国食品安全法律体系中存在的问题

1. 系统性较差

虽然我国已经颁布了《食品安全法》及其实施条例，同时还存在数量众多的监管法规，但这些条款比较分散，不集中，没有覆盖整个食品链，没能实现全程监控；而且我国的食品安全标准严重滞后，不规范，食品安全体系缺位，责任主体也不明确。

2. 我国的食品安全监管机构相对混乱

从目前的状况看，我国缺乏独立且具有权威性的负责监管的机构。各部门的监管不仅相互交叉而且还存在一定程度的空白。当危机出现时，各部门只顾考虑自己的利益，不能及时有效地处理和解决食品安全问题。

（二）欧盟食品安全法律制度对我国的启示

通过前面的介绍和分析，我们认为欧盟一系列成功的发展经验无疑是值得我们

借鉴和学习的。

1. 监管体系的建立和完善

欧盟的食品安全管理体系是最早引入"从农场到餐桌"概念的体系。欧盟的食品安全管理中，十分注重强调执行关键节点控制系统（HACCP）和生产质量管理系统（GMP）的管理程序，尤其是对生产源头的安全质量控制。食品生产者、加工者都严格遵照有关环境质量标准，生产操作规范和投入品控制的有关标准，自觉地对各个环节实施严格管理，注重从环境、生产、加工、包装、运输等各个环节的控制，并对各个环节都设置了相应的标准。欧盟还建立了对出口商的生产条件、生产设施、原材料进行实地考察的制度，保证各个环节的安全。我国近年来虽然也提出了"从田头到餐桌"食品安全管理的概念，但由于食物链的各环节分属于不同的管理部门，造成了管理上的脱节和不协调。如植物源性产品的农药残留问题，动物源性产品的激素问题，必须从生产基地、生产资料供应、制订标准、技术辅导、检验检测，以及农药、兽药生产企业等各个环节抓起。生产者使用违禁药品，不是抓某一个环节就能生效的，实践证明仅抓了这一环节并不能解决食品安全的根本问题，特别是对鲜活的农副产品。

近两年来我国已经在种子农业中实施"良好农业规范"（GAP），在食品加工业中开始推行"危害关键控制点分析"（HACCP），在养殖业中开始引进"良好兽医规范"（GVP），但对于各个环节及生产过程中的关键技术和数据尚不清晰、尚不充分。特别是在这些规范中，没有列入"食物链"的概念，没有产品总传递的概念。这是与欧盟推行的 GMP 等规范的最大差别。而只有从机构、法规、标准、技术上加强对整个食物链环节的管理，食品安全问题才能得到有效的解决。十届全国人大常委会第二十一次会议 29 日表决通过了《中华人民共和国农产品质量安全法》，并于 2006 年 11 月 1 日起实施。这部法律的实施，对于保障食品安全，促进我国农产品质量安全的提高具有重大意义。

欧盟成功实施"从农场到餐桌"全程监管的经验告诉我们，要将对全过程的食品监管作为管理的主线，在此基础上对我国食品安全的相关法律法规进行调整，不断完善以《食品安全法》为核心的彼此配套的法律法规，覆盖到食品安全的全程。

2. 快速预警

欧盟通过各成员国当局和欧盟理事会、欧盟委员会、欧盟食品安全管理局，组成了一个较为完整的食品安全管理网络，无论在各成员国哪一条食品链上的某一环节出现了问题，都能快速有效得到追溯，发出预警和采取相应的应急措施，将问题及时控制，阻止它的扩散。比利时二噁英事件、英国疯牛病事件的控制和处理过程就是很突出的例子。欧盟食品安全管理工作的一个最大的特点是注意防范工作。2000 年欧盟理事会发布了"食品安全白皮书"后，就提出了 80 多种独立的行动计划来应对未来可能发生食品安全的隐患。

我国在食品安全的风险评估、风险分析、风险管理工作做得较少，食品安全的预警体系尚未完善。而食品中使用抗生素、色素、生长素、激素的问题，环境污染问题，都需要做风险评估和预警。只有加强食品安全检测网站建设，建立食品安全事故报告预警、信息系统、提高全面风险分析和预警能力，才能尽早发现高危因素、高危人群，制定预防对策，形成快速反应机制。

在分析、研究欧盟食品安全管理体系中，当研究某一具体事例时，不排除其中有贸易保护的问题。对那些不合理、带歧视性的贸易保护措施，我们应遵守世界贸易组织有关规则，积极争取自身的利益。但从总体的管理框架、管理法规、管理机制、管理手段、管理制度、管理方式上来看，"欧盟方式"是一种食品安全管理十分有效的方式。欧盟有许多值得我们借鉴之处，尤其是他们的"统一、透明""从农场到餐桌"和"生产者要对食品安全负责"等理念，更值得我们在食品安全管理工作中借鉴引用。

从欧盟的快速预警制度中我们不难看出，部门间快速有效地沟通是预警机制建立的首要条件。对各级监管部门获得的信息进行科学的分析和研究之后再由一个权威部门对外统一发布的做法值得借鉴。这可以避免各部门发布信息相互矛盾的情况。责任主体明确也是预警机制能够很好实施的前提。从我国现行制度来看，行政主体的责任尚不明确。因此，我们应当将快速预警机制纳入法律的范畴，监管部门和检验人员能够在法律的威慑力下认真、严谨的履行职责，对食品安全危机如实的进行预警通报。

3. 建立权威监管机构

欧盟食品安全的管理体系以及所制订的一系列法规、指令，确立了食品生产商、销售商对食品安全需负主要责任的原则。这一原则加大了经营者的安全责任感，使生产经营者获得依靠自我核查机制及对污染物的现代控制技术来确保食品的安全卫生，自觉采纳 HACCP、GMP 等国际通用标准。在欧盟食品安全管理体系中，生产者、经营者不仅仅是被管理者，更是主要的参与者。欧盟对农场主提出了"良好生产指南"（Guides to Good Practice），规定了生产的原则和措施，以及如何处理可能出现的安全危害，从而保证农产品能在适当的安全条件下生产出来。农场主一般都会把"指南"的原则和措施，订入自己的生产规程中去，一旦发现或怀疑可能影响人类健康的问题时，农场主都会主动向主管当局报告。欧盟成员国处理疯牛病事件的过程，就是遵照这样的原则进行的，很少出现"瞒报、漏报"现象。欧盟公布的农用化合物禁用名单中，有不少也是生产企业自己提出的。

在我国的食品安全管理体系中，生产者、经销者是被管理者，处于被动应付的状态。在生产、加工过程中，该如何操作、该禁用什么药品主要依靠上级的文件。一个食品生产企业或经销企业可能要同时应付几个部门的检查。生产过程也大多有标不依，一旦出现隐患，也是能瞒则瞒，很少见到相关企业有"召回"的做法。欧盟的食品生产企业或经销企业都积极参与标准的制订，并向政府建议法律和法令的修改，企业是标准制订的主体。我国的有关食品安全的法规和标准，大部分都由行政而不是以生产企业为主体的。标准的操作性较差，生产者执行标准的积极性和自觉性也较低。

从我国的监管现状来看，"多部门交错监管模式"的缺陷已经凸显出来。因此应当尽快建立一个权威的国家食品安全监管机构，从根本上改变政府职能缺失的状态。该机构要有足够的能力制定我国食品安全的总体规划，指导各部门制定相关的食品安全政策，统领各部门并有效协调和处理各部门之间以及地方政府之间的食品安全工作。通过权威的立法，将各种有关食品安全监管方面的资源进行合理的整合，以实现对食品安全的有效控制。

4. 全程追踪食品信息

欧盟在食品质量管理方面建立了严格的可追溯制度。欧盟相关的指令要求食品标签必须表明原产地和原材料的来源，在生产和加工过程中要建立档案并保存全部记录。如在养殖业上，欧盟各成员国都要求建立组织严密的家禽繁育体系，父母亲本必须通过选择和测定，进行登记在册。对屠宰也全程监控，宰杀前要"验明正身"，确保是健康牲畜，宰杀和加工过程控制符合关键节点控制系统（HACCP）的原则。销售商必须具有法定的许可证，环境和生产方式符合卫生标准，每批成品都通过检验。例如，为了防止疯牛病，对加工过程中的牛骨必须保存交货记录。所以当某一牛肉制品出现问题时，马上可以追溯原料来自哪一国家，哪一农场，甚至哪一头牛。欧盟对水产品的管理也是如此，要求对水产品从生产中使用的原料开始，到加工过程，到零售商店等各环节都有记录存档，一旦出现问题，可根据记录中的信息追溯到问题的源头，能快速及时采取防范措施。欧盟为了加强对转基因食品安全性的管理，要求在销售转基因食品时必须在标签上予以标明，不仅尊重了消费者的知情权，同时便于食品安全监管部门能够追踪转基因食品对健康的影响。

我国的食品生产不重视食品质量的可溯性，甲地生产的食品，原料可能是来自乙地，在标签上很少表明原料产自何地。在生产、加工、运输、销售过程中，很少建立详细档案，一旦出现问题，要查清来源相当困难。食品生产的规模小、产业化程度低，抑制了正常生产档案的建立，质量安全的有关信息无法传递。在这方面，相关的法规、监管、标签存在缺陷，生产者和消费者的防卫意识和追歉意识有待提高。

我国现阶段可行的就是在食品生产过程中对食品信息实行追踪。欧盟的实践经验表明，可追溯制度是控制安全可靠的食品生产的最佳以及首选模式，在食品工业的安全模式中起着举足轻重的作用。我国虽然在很早以前就开始进行了可追溯制度的宣传和培训工作，但都仅仅局限于部分出口食品，并没有普及到整个食品行业。面对世界各国实施可追溯体系的强势蔓延，在我国推行和实施可追溯体系已经迫在眉睫。

5. 标准制订的科学性

欧盟发布的众多食品安全质量标准，除了部分引用了国际食品法典委员会

（CAC）等国际标准、保留了以往各成员国制订并通过实践证明合理的标准外，还陆续出台许多新的标准，或者修正补充了一些标准。在这制订和修正过程中，欧盟设立了一个专家委员会和若干个专业委员会，对标准进行科学的安全性评估。如为了评估食品在加工过程中所产生的丙烯酰胺的安全性，欧盟有关国家与国际癌症研究中心（IARC）合作，共同对食物消费量和膳食暴露情况进行分析研究，而且把研究范围扩大到北美和澳大利亚。根据 91/414/EEC 指令的计划，欧盟对上千种农药开展危险性评估，目前评估的数量已经过半。这是一项工作量浩大的工程，要对这些化学成分进行对人畜安全性毒理学（包括急性毒性、亚慢性毒性、慢性和致癌、致畸、致突变的试验）、对环境安全性毒理学（包括对水体、土壤、空气、其他生物等生态环境的安全性）、对生产过程中产生的有毒物质的安全性及对植物、害虫、病原微生物的作用等进行一系列的研究，最后由生产企业和专家委员会提出评估结果，来决定该化合物能否在生产上继续使用。

从欧盟的经验可以看出，任何一个技术标准的制订应该是一个调查、分析、研究、实践的过程，这样得出的数据比较科学，有利于保护消费者，也有利于操作执行。我国目前已制定了近 1 000 个食品标准，涉及谷物、水果、粮类、肉类、豆制品、奶制品等。这些标准都是在我国经济发展各个阶段制订和发布的，但整体的结构、层次不合理，强制性和推荐性的界限划分不清。部分标准存在标龄过长、指标滞后、覆盖面太小、重复以及矛盾等问题。并且由于部门职能分别，甚至出现从不同角度考虑的两套标准。有些标准的制订缺乏必要的科学论证，甚至抄袭了一些不准确的信息。如我国"婴幼儿断奶期补充食品"标准中蛋白质含量要比欧盟低 10 个百分点；对蜂产品中有害污染物的限量标准，欧盟对双甲脒（200mg/kg）、氯霉素（0.1μg/kg）、链霉素（0.02 mg/kg）都有规定，而我国的现行标准没有得到体现。这些标准已经不能适应我国当前经济发展的需要。据统计，在食品质量标准方面，我国现有标准与国际标准等同、等效或采用国际标准的比例占 20% 左右，其中如现行 140 项食品加工产品的国家标准中，与国际标准等同或等效的仅有 24 项，占 17%；现行 475 项食品检验方法的国家标准中，与国际标准接轨的为 63 项，占 13.3%；现行 133 项食品添加剂国家标准中，与国际标准等同的为 29 项，占 21.8%。我国的标准水平与国际先进水平相差较大，迫切需要组织力量开展研究和技术攻关，特别是我国特有的、而国外尚未制订的产品标准，要赶紧制订，填补空白。在全面清理现有食品标准的基础上，加快全国统一的食品标准体系的建立，提高对国际和国外先进标准运用的标准框架。

6. 加强对食品生产加工过程中投入品的管理

欧盟食品管理体系不仅重视产品质量安全，而且对投入品的控制也是相当严格的，这是"抓源头"的基础。欧盟的食品安全事故大多来自生物污染，而生产加工过程中化学药物的污染较少见，主要原因是欧盟对投入品使用限制和技术都有严格的规定。在欧盟发布的食品安全相关的技术法规和标准中，有关饲料、兽药、农药、肥料、激素、添加剂等的内容是最为丰富和详尽的。1991年以来对上千种农药有效成分的重新评估，就是一个突出的例子。欧盟对投入品的严格管理，体现了"与环境和谐""可持续发展"和"以人为本"的理念。这在对待抗生素的问题上，在对儿童食品的重视上，得到了体现。欧盟对有些食品安全标准单独制定了儿童标准，例如食品中黄曲霉素的允许标准，成人为 4μg/kg（包括 B1+B2+G1+G2），而儿童为"0"。

我国近几年也加强了对农用投入品的管理，出台了一系列的法律法规，对农药、兽药、饲料添加剂、食品添加剂等的使用都制订了一些标准，颁布一些相应的文件和法律条例。其中农药的登记管理制度已逐步完善，基本上接近欧盟的管理制度。对养殖业中禁止使用的药物名单基本上也与欧盟接轨。但对农用投入品的市场管理仍较混乱，假劣产品充斥市场，市场监管体制不顺，给食品安全造成严重隐患。各地每年都有高毒农药污染蔬菜中毒事故发生，农药残留超标率仍然较高。在农药方面，我国虽然已制定了 183 种农药有效成分和 20 种作物的近 400 项标准，但与欧盟比较，它的数量、水平、合理性尚有一定差距。目前我国投入品的管理尚缺乏严格的长效监管制度，主要靠每年两次"打假"行动，现有法律的约束力不够，执法主体不明确，在技术标准上仍存在不少漏洞。

7. 有效的监督检验、协调机制

欧盟凭借其经济实力和先进的科学技术，对食品安全的监督检验既先进又有效，在仪器分析上普遍采用质谱仪和多残留检测技术。欧盟食品检验的各实验室之间相互统一方法，协调配合，数据共享。他们的监督检验不仅仅限于市场抽检，更是对整个"从农场到餐桌"链上各环节的有效检验监控，各食品生产和加工企业都拥有配套的检验设备和人员，能较自觉的按规程开展检验，国家实验室和各地行政管理部门的实验室和企业的实验室是相配套的。欧盟重视检测技术的研究，如它对氯霉素的 LC-MS 检测技术，都可以达到 0.1μg/kg 的最低检测限量。欧盟的许多实验室对食品中抗生素、"瘦肉精"、氯丙醇等兽药的分析技术都达到 10^{-9} 水平，对二噁英类物质的分析水平达到 10^{-12} 的超痕量水平。目前欧盟已经制定了 28 种食品及其接触物的分析方法标准，在向食品检测方法标准化方面走出了坚实的一步。

而我国，目前除了少数大型的龙头企业配有一定的检测手段外，农产品的生产绝大多数是"千家万户"分散劳作，食品加工企业的规模也很小，全国有 600 万家食品加工企业，大多数是 10 人以下的手工作坊，根本无法开展质量安全检验。我国的食品安全质量检测，主要依靠政府行政部门和科研院校的实验室，主要的职能是进行市场监测。而大多数集中在省、市，各县区建立的检测机构，人员和技术水平都很难胜任食品质量安全的监管任务，很难有效地对食品"从田间到餐桌"全过程进行监测。为了有效地监控食品安全，需要提高我国食品安全的检测水平和检测能力；要研究和引进先进的检测方法和设备；要制订全国统一的抽样和检测标准，特别要加强对食品生产源头的检测；要积极推进隶属于各行政系统的检测资源的整合，减少当前检测机构的重复设置、检测资源浪费现象，促进合理布局、专业分工、建立全国统一的食品委员会网络体系。加强对外交流，建立国际互认的国家实验室，适应国际形势的需要。

8. 建立动态与发展的管理体系

欧盟食品安全管理体系是一个动态、发展的体系，从欧共体发布"食物链"起，欧盟的食品管理体制和相应的管理措施就不断发展、创新，以适应欧盟内部与外部形势的变化。通过研究欧盟各类标准的制订过程，我们可以从中掌握研究、跟踪、引用欧盟标准的方法。欧盟往往是发布一个法令后，再对这个法令不断进行修改和补充。随着风险评估工作的深入开展，旧的指令不断修订，新的标准不断出台。如以在各种作物生产过程中的使用的农药为例，自1976年发布第一个农残标准以来，一直在不断修改更新，至今已经发布了几十个法令。所以往往是一个指令接着一个指令，一个指令套着一个指令。随着欧盟的扩大，尤其是连续发生疯牛病、二噁英、口蹄疫等重大食品安全事件后，欧盟的食品安全政策有所变化，其管理手段和管理方法也不断改进。2000年以来，欧盟改革了农业政策，增加了一系列反倾销和技术壁垒的政策，将食品安全管理与保障消费者健康和保护欧盟市场联系起来，同时引进"从农场到餐桌"食物链的概念。但欧盟食品安全管理的发展动态，总体是向"统一、完善、透明"的方向发展。欧盟在食品管理上始终在进行锐意改革，这些改革主要在"白皮书""绿皮书"等框架法律指导下，不断提出新的发展战略和思路，直到食品安全中的立法工作不断修正完善现有的食品技术法规，从而提高了食品安全的水平。

我国食品安全管理上无论是政策法规，还是标准的制订上，都相对滞后，不能主动应变，对欧盟国家等的动态反应迟钝。欧盟早在1990年就禁用了氯霉素等一批药物，在1999年就停止使用氰戊菊酯，我们在2002年才做出反应。欧盟禁用320种农药的指令公布后，我国将近一年后才对相关情况加以关注，发布了"预警通告"。我国往往在遭到禁令或被销毁后，才发现问题的严重性，然后赶紧修改标准。对待一些污染物超标的问题，也只是采取"查什么、禁什么"的策略，处于被动状态。

 # 三、欧盟食品安全监管体系的启示

从欧盟的经验可以看出，统一协调各成员国的组织管理体系、以预防为主的监管机制、覆盖全产业链的监管制度以及不断调整完善的机制设计是欧盟食品安全的坚实保障。我们应该在了解自身问题的基础上，借鉴这些好的经验。

〔一〕 欧盟食品安全监管制度的特征

1. 统一协调各成员国的组织管理体系

作为一个多国同盟，欧盟在食品的监管上延续了政治、经济事务处理的组织管理经验，由欧盟委员会统一管理，协调各成员国，让各成员国根据欧盟委员会出台的一般法制定自身的监管法律法规，并在欧盟委员会的组织协调下开展食品安全监管工作。

法律法规体系方面。以欧盟委员会 1997 年颁布的《食品立法总原则的绿皮书》为基本框架，欧盟出台了 20 多部食品安全方面的法律法规，比如《通用食品法》《食品卫生法》等。2000 年，欧盟发表《食品安全白皮书》，将食品安全作为欧盟食品法律法规的主要目标，形成了一个新的食品安全法律框架。各成员国在此框架下，对各自的法律法规进行了修订。为避免各成员国之间的法律法规不协调，欧盟理事会和欧洲议会于 2002 年发布 178/2002 号指令，成立欧洲食品安全管理局（EFSA），颁布了处理与食品安全有关事务的一般程序，以及欧盟食品安全总的指导原则、方针和目标。

组织管理机构设置方面。欧盟食品安全监管机构设置包括欧盟和成员国两个层级。欧盟层级的食品安全监管机构主要有三个：欧盟理事会，负责制定食品安全基本政策；欧盟委员会及其常务委员会，负责向欧盟理事会与欧洲议会提供各种立法建议和议案；欧盟食品安全管理局（FSA），负责监测整个食物链的安全。欧盟各成员国则结合本国实际建立了相应的食品安全监管体制，负责实施欧盟关于食品安全的统一规定。

2. 以预防为主的监管机制

欧盟在食品安全监管中坚持了预防为主的理念，强调通过风险评估与快速预警，确保对食品问题的事先控制而非事后追查。

风险评估机制。欧盟对食品安全采取以风险评估为基础，包括风险管理和风险交流的风险防控机制，并且在风险评估中努力保持客观性。欧盟食品安全局负责为欧盟委员会、欧洲议会及各成员国提供风险评估结果，并为公众提供风险信息。欧盟食品安全局具有食品与饲料风险评估与风险沟通的独立调查权。欧盟成员国纷纷将风险管理与风险评估安排在不同的机构进行，从而保证以科学为基础的风险评估不受行政干扰。

快速预警机制。欧盟建立了食品与饲料快速预警系统（RASFF）。RASFF 系统由欧盟委员会、欧盟食品管理局和各成员国组成。欧盟内部设定食品与饲料安全问题评估与沟通系统，并由各国食品安全局来管理和评定。确认风险确实存在以后，食品将被下架和召回，并且 RASFF 成员国需要通知委员会来保护消费者的权益。成员国也可以建议委员会就某种危害启动预警系统。任何成员国一旦获悉有威胁人类健康的食品危险存在，RASFF 委员会将立即得到消息，并将信息通报给其他成员。

3. 覆盖全程的监管体系

欧盟在《食品安全白皮书》中引入了"从农场到餐桌"的理念，强调对食品安全的全程监管。

法律法规制定方面。按照《食品安全白皮书》提出的"从农场到餐桌"的理念和要求，欧盟对食品安全相关法律法规进行了大规模的修改，包括：食品安全原则、食品安全政策体系、食品安全管理机构和管理体制、食品安全风险评估、对所有饲料和食品紧急情况协调的快速预警机制，最终建立起一套涵盖整个产业链的食品安全法律法规体系。

可追溯制度方面。欧盟第 178/2002 号指令规定："在食品、饲料、生产食品的动物或其他有意或已经包含在食物或动物饲料任何物质的加工、生产和流通的各阶段均应建立起追溯制度。"可追溯制度要求食品生产者和销售者分别对食品原料和食品流向进行完整记录，以确保一旦食品安全出现问题，可以及时找到原因和出现问题的环节，从市场上召回问题食品。

4. 动态调整的监管制度与政策

为适应内部和外部形势的变化，欧盟的食品安全监管制度与政策一直是动态调整的。欧盟不停地及时修订与食品安全相关的指令、法规和标准，完善风险管理运行机制，注重新技术的应用，并以科学和动态的方法和措施来指导生产和消费。同时，欧盟还不断改进在食品安全上的管理手段和管理方法，建立各种信息传递和快速反应机制，最大限度地确保食品安全。

从欧盟的经验可以看出，统一协调各成员国的组织管理体系、预防为主的监管机制、覆盖全产业链的监管制度以及不断调整完善的机制设计是欧盟食品安全的坚实保障。我们应该在了解自身问题的基础上，借鉴其经验。

（二）我国食品安全监管制度存在的问题

近年来，我国食品安全问题不断，凸显在食品安全监管制度方面存在诸多不足。

1. 监管部门之间不协调

一是中央与地方之间不协调。尽管中央政府有决心和动力要做好食品安全监管工作，但是由于食品生产地加强监管会在短期内打击本地食品行业，不加强监管祸害的是全国这一特殊性，地方一般没有足够的动力加强监管，这就造成了食品安全监管中"上有政策，下有对策"。二是各监管部门之间不协调。一方面，我国食品安全监管采用多个部门分段监管的方法：农业部门监督农产品的生产环节，质量监督部门监督食品的生产加工环节，工商部门监督食品流通环节，食品药品监督部门监督餐饮业、食堂等食品的消费环节，海关部门监督食品进出口环节，商务部门监督食品供应行业，卫生部门承担食品安全的综合监督、组织协调和依法查处重大食品安全事故，各监管部门之间的协调性差，监管效率低下。另一方面，我国食品安全法律标准比较分散，没有形成统一的体系。特别是在部门管理衔接的地方，管理手段和法律法规空白，为食品安全带来隐患。

2. 事后追查，亡羊补牢

我国在食品安全事前监管的制度尚未建立，一直以来更倾向于事后追查，缺乏预警机制。而且，监管机构行动晚于媒体行动。这种"亡羊补牢"式的监管，对国家和人民造成了难以挽回的损失。

3. 监管环节缺失

我国尚未建立起覆盖整个产业链的食品安全监管体系。生产源头监管缺失，生产加工环节与流通环节监管机构消极怠工。尤其是我国从食品农产品生产情况来看，个体生产、家庭作坊式的生产方式占农产品食品企业的大多数，这些小作坊没有卫生许可证，绝大多数游离于监管之外，各个地区上规模的食品农产品生产加工企业屈指可数。受规模效益的影响，许多小型企业存在生产管理体制不健全、粗放经营的现象，产品质量不稳定，难以控制，而且行政管理部门在对这些小型企业的管理中也很难操作，漏洞较多，对食品安全问题的管理很难落实。而事实证明，出现食品安全问题较多的生产企业主要以小型和家庭式食品生产企业为主。

4. 质量安全标准多年不变

我国食品安全标准修订缓慢，不少标准已经多年未变。发达国家的食品安全标准的修改周期一般是3~5年，而我国有些标准已经实施达10年，甚至更长。这些标准已经不适应变化了的食品生产加工技术，更难以适应监管的需要。

（三）完善我国食品安全监管制度的对策措施

借鉴欧盟经验，汲取其先进的监管理念，参考其科学的制度设计，同时充分结合我国国情，可以采取如下几方面对策完善我国食品安全监管制度。

1. 建立中央统一协调的管理机制

在中央一级，将国家食品安全委员会转变为食品安全战略决策机构，负责制定食品安全国家标准和法律、检查和评估地方监管机构等工作；将各个部门监管职能合并，组建统一的食品安全监管机构，主要承担食品安全监管的指挥控制工作。在地方一级，赋予食品安全监管机构独立的决策权，并明确其责任义务，使其直接对中央一级监管部门负责，接受中央监督；同时，加强基层监管队伍建设，以保证切实落实中央决策，做好食品安全方面的检查、抽样、监测和分析等监管工作。

2. 强化预防为主的监管理念，建立预防优先的风险防范机制

扭转事后监管的"亡羊补牢"式监管，必须强化预防为主的监管理念，建立预

防优先的风险防范机制。学习欧盟经验，通过立法，尽快建立独立、科学的风险评估机制，明确应当开展风险评估的情形，加强风险信息交流；建立快速预警机制，当风险评估机制确定风险后，迅速采取发布危险信息、下架、召回问题食品等紧急应对措施，将食品安全风险控制在萌芽状态。

3. 建立全程监管制度

将"从农田到餐桌"的全程监管理念转变成实践。可通过中央政府主导，或者中央政府委托独立的第三方机构，组织建立全国统一的食品安全可追溯制度，使得食品生产、加工、运输、销售等整个产业链的各个环节都有迹可循，都在统一的规范约束下运行，最大限度地保证食品安全。

4. 对监管制度和政策进行动态调整

根据国际国内食品安全形势的变化，对食品安全监管制度和政策不断进行调整完善，以提高制度运行和政策实施效率。比如，及时修订国家食品安全标准，以适应变化了的食品生产加工技术；及时修订食品安全法律法规，以应对各种新的食品安全问题，保证监督的范围和惩治的力度有效；及时创新针对进口食品的制度设计，以应对国际食品安全新形势。

我国食品安全问题面临着严峻的挑战，加入世界贸易组织以后变得尤为突出。一些具有比较优势的农产品出口屡屡受挫。欧盟的食物链是世界上最为安全的食物链之一，研究欧盟的食品安全管理措施和保障体系并将其与我国的实际情况进行对比分析，将有助于建立和健全我国食品安全及保障体系，具有重要的现实意义。

结束语

研究和分析欧盟及其成员国安全管理体系，将有助于发现我国食品安全管理体系中存在的主要问题，从而借鉴欧盟食品安全管理的长处与经验，来进一步完善我国食品的安全体系，提升我国食品的安全质量和市场竞争力。自党的十五届三中全会把"食品安全"写入会议决定以来，国务院各有关部门和各级政府都相继实施了一系列食品安全相关的措施。如农业部自 2000 年以来，建立了全国农产品和农业投入品的安全监测制度；从 2002 年开始实施"无公害食品行动计划"；国家质检总局自 2002 年开始进行对米、油、面、酱、醋等 5 大类食品的市场质量抽查，实施了食品 QS 质量安全标志制度；卫计委自 2000 年开始在 10 个省、市建立了食品污染物监测网络；2003 年国家成立了国家食品药品监督管理总局等等，都取得了一定的成效。但从全国各地频发的食品事故和食品安全质量检测结果反映的情况来看，我国食品安全问题仍较为突出，无论从管理体系、法制建设、标准制定和执行、检测监督、风险预警等方面都存在不少问题。因此，研究和总结欧盟在食品安全管理上的特点和经验，对我们具有十分重大的借鉴意义。

参考文献

［1］唐华. 论欧盟食品安全法规体系及其对中国的启示［D］. 北京：对外经济贸易大学，2006.

［2］骆立刚. 欧盟食品安全法律体系与农残壁垒对策研究［D］. 天津：河北工业大学，2007.

［3］张涛. 食品安全法律规制研究［D］. 重庆：西南政法大学，2005.

［4］郜春慧. 基于食品安全的我国对外食品贸易研究［D］. 沈阳：沈阳工业大学，2011.

［5］沈漫. 欧盟贸易限制措施对中国出口商品影响的实证研究［D］. 北京：北京工业大学，2007.

［6］秦富，王秀清，辛贤，等. 欧美食品安全体系研究［M］. 北京：中国农业出版社，2003.

［7］冷博士，钱林译. 欧盟食物安全白皮书［M］. 上海：上海交通大学出版社，2003.

［8］姚卫蓉，钱和. 食品安全指南［M］. 北京：中国轻工业出版社，2005.

［9］贾敬敦，陈春明. 中国食品安全态势分析［M］. 北京：中国农业科学出版社，2003.

［10］MARION NESTLE. SAFE FOOD［M］. 北京：社会科学文献出版社，2004.

［11］罗丹，陈洁. 绿色壁垒对我国农产品贸易的影响对策［J］. 农业经济，2000，21（2）：9-12.

［12］陈锡文，邓楠. 中国食品安全战略研究［M］. 北京：化学工业出版社，2004.

［13］王大宁，董益阳，邹明强. 农药残留检测及监控技术［M］. 北京：化工出版社，2006.

［14］Caswell Julie A, ed. Economics of Food Safety［M］. New York, NY：Elsevier Science Publishing Company, Inc, 1991.

［15］Aldrich, Lorna, Food-safety policy：Balancing risk and costs［J］. Food Review, 1994, 17（2）：9-13.

［16］张永安，吴清峰. 应对欧盟绿色壁垒对我国农产品出口的影响［J］. 世界经济研究，2003（1）：50-53.

［17］付建全，王健. 欧盟技术贸易壁垒对我国农产品出口的影响及对策［J］. 保定：河北农业大学学报（农林教育版），2005，7（2）：79-81.

［18］毕金峰，魏益民，潘家荣. 欧盟食品安全法规体系及其借鉴［J］. 中国食物与营养，2005（3）.

［19］秦富，吴水荣，江文涛，等. 欧盟食品安全管理与保障体系［J］. 科学决策，2004（4）：20-27.

［20］刘继芬. 欧盟食品质量安全推广体系［J］. 农产品质量与安全，2004（5）：45-48.

［21］汪平. 美国、欧盟有关转基因食品安全性的法律规范［J］. 广西社会科学，2004（4）：98-100.

［22］陈琰辉. 美欧转基因食品贸易争端的深层原因［J］. 当代经济，2005（10）：49.

［23］马述忠. 欧盟对转基因产品的管理措施［J］. 世界农业，2004（11）：45-47.

［24］杨辉. 我国食品安全法律体系的现状与完善［J］. 农场经济管理，2006（1）：35-37.

附录　欧盟食品法规标准节选

食品中文名	食品英文名	污染物中文名	污染物英文名	限量	使用限制及备注中文
熏制鱼以及熏制水产品的瘦肉,不包括第 6.1.6 和第 6.1.7 条列出的水产品(烟熏鲱鱼和熏鲱鱼罐头(sprattus sprattus);双壳贝类(新鲜、冷藏或冷冻);出售给最终消费者的热处理肉类和肉类制品和双壳贝类(熏制)。熏制甲壳类动物瘦肉的最高限量适用于肢体和腹部肉。例如熏制蟹以及蟹状甲壳类动物(Brachyura and Anomura)肢体的肉	Muscle meat of smoked fish and smoked fishery products, excluding fishery products listed in points 6.1.6 and 6.1.7. The maximum level for smoked crustaceans applies to muscle meat from appendages and abdomen. In case of smoked crabs and crab-like crusta	苯并芘	Benzo(a)pyrene	2.0μg/kg	该限量自 2014 年 9 月 1 日起适用
熏制鱼以及熏制水产品的瘦肉,不包括第 6.1.6 和第 6.1.7 条列出的水产品(烟熏鲱鱼和熏鲱鱼罐头(sprattus sprattus);双壳贝类(新鲜、冷藏或冷冻);出售给最终消费者的热处理肉类和肉类制品和双壳贝类(熏制)。熏制甲壳类动物瘦肉的最高限量适用于肢体和腹部肉。例如熏制蟹以及蟹状甲壳类动物(Brachyura and Anomura)肢体的肉	Muscle meat of smoked fish and smoked fishery products, excluding fishery products listed in points 6.1.6 and 6.1.7. The maximum level for smoked crustaceans applies to muscle meat from appendages and abdomen. In case of smoked crabs and crab-like crusta	苯并(a)芘,苯并(a)蒽,苯并(b)荧蒽和苯并菲的总量	Sum of benzo(a)-pyrene, benz(a)anthracene, benzo(b)fluoranthene and chrysene	12.0μg/kg	该限量自 2014 年 9 月 1 日起适用

表(续)

食品中文名	食品英文名	污染物中文名	污染物英文名	限量	使用限制及备注中文
烟熏鲱鱼和熏鲱鱼罐头（sprattus sprattus）；双壳贝类（新鲜,冷藏或冷冻）；出售给最终消费者的热处理肉类和肉类制品	Smoked sprats and canned smoked sprats(sprattus sprattus); bivalve molluscs (fresh, chilled or frozen) (26); heat treated meat and heat treated meat products (46) sold to the final consumer	苯并芘	Benzo(a)pyrene	5.0μg/kg	
烟熏鲱鱼和熏鲱鱼罐头（sprattus sprattus）；双壳贝类（新鲜,冷藏或冷冻）；出售给最终消费者的热处理肉类和肉类制品	Smoked sprats and canned smoked sprats(sprattus sprattus); bivalve molluscs (fresh, chilled or frozen) (26); heat treated meat and heat treated meat products (46) sold to the final consumer	苯并（a）芘、苯并（a）蒽、苯并（b）荧蒽和苯并菲的总量	Sum of benzo (a)-pyrene, benz (a) anthracene, benzo (b) fluoranthene and chrysene	30.0μg/kg	
腌制、深度冷冻或冷冻菠菜	Preserved, deep-frozen or frozen spinach	硝酸盐	Nitrate	2 000 mg/kg	以 NO_3 计
野生捕捞鳗鱼（Anguilla anguilla）的鱼肉及其制品	Muscle meat of wild caught eel (Anguilla anguilla) and products thereof	二噁英总量（WHO-PCDD/F-TEQ）	Sum of dioxins (WHO-PCDD/F-TEQ)	3.5pg/g	上界浓度:上界浓度是将低于检测限的同类物质的含量等同于检测限计算得出的。湿重
野生捕捞鳗鱼（Anguilla anguilla）的鱼肉及其制品	Muscle meat of wild caught eel (Anguilla anguilla) and products thereof	二噁英和二噁英类多氯联苯总量（WHO-PCDD/F-PCB-TEQ）	Sum of dioxins and dioxin-like PCBS (WHO-PCDD/F-PCB-TEQ)	10.0pg/g	上界浓度:上界浓度是将低于检测限的同类物质的含量等同于检测限计算得出的。湿重
野生捕捞鳗鱼（Anguilla anguilla）的鱼肉及其制品	Muscle meat of wild caught eel (Anguilla anguilla) and products thereof	PCB28,PCB52,PCB101,PCB138,PCB153 和PCB180 的总量（ICES-6）	Sum of PCB28, PCB52, PCB101, PCB138, PCB153 and PCB180 (ICES-6)	300 ng/g	上界浓度:上界浓度是将低于检测限的同类物质的含量等同于检测限计算得出的。湿重
野生淡水鱼的鱼肉,不包括淡水捕捞的洄游鱼类,及其制品	Muscle meat of wild caught fresh water fish, with the exception of diadromous fish species caught in fresh water, and products thereof	二噁英总量（WHO-PCDD/F-TEQ）	Sum of dioxins (WHO-PCDD/F-TEQ)	3.5pg/g	上界浓度:上界浓度是将低于检测限的同类物质的含量等同于检测限计算得出的。湿重
新鲜菠菜	Fresh spinach (Spinacia oleracea)	硝酸盐	Nitrate	3 500 mg/kg	以 NO_3 计
新鲜莴苣（莴苣L.）（棚内和露天种植的莴苣）,不包括卷心莴苣	Fresh Lettuce (Lactuca sativa L.) (protected and open-grown lettuce) excluding lettuce listed in point 1.4 ('Iceberg' type lettuce)	硝酸盐	Nitrate	5 000 mg/kg	以 NO_3 计

表(续)

食品中文名	食品英文名	污染物中文名	污染物英文名	限量	使用限制及备注中文
新鲜莴苣（莴苣 L.）（棚内和露天种植的莴苣），不包括卷心莴苣	Fresh Lettuce（Lactuca sativa L.）（protected and open-grown lettuce）excluding lettuce listed in point 1.4（'Iceberg' type lettuce）	硝酸盐	Nitrate	4 000 mg/kg	以 NO₃ 计
新鲜莴苣（莴苣 L.）（棚内和露天种植的莴苣），不包括卷心莴苣	Fresh Lettuce（Lactuca sativa L.）（protected and open-grown lettuce）excluding lettuce listed in point 1.4（'Iceberg' type lettuce）	硝酸盐	Nitrate	3 000 mg/kg	以 NO₃ 计
熏肉以及熏肉制品	Smoked meats and smoked meat products	苯并芘	Benzo（a）pyrene	2.0μg/kg	该限量自 2014 年 9 月 1 日起适用
熏肉以及熏肉制品	Smoked meats and smoked meat products	苯并（a）芘、苯并（a）蒽、苯并（b）荧蒽和苯并菲的总量	Sum of benzo（a）-pyrene, benz（a）anthracene, benzo（b）fluoranthene and chrysene	12.0μg/kg	该限量自 2014 年 9 月 1 日起适用
下列鱼的肉：鲣鱼（Sarda sarda）、项带重牙鲷（Diplodus vulgaris）、鳗鱼（Anguilla anguilla）、鲻鱼（Mugil labrosus labrosus）、竹荚鱼或鲹鱼（Trachurus species）、骐鲭（Luvarus imperialis）、鲭鱼（Scomber species）、沙丁鱼（Sardina pilchardus）、远东拟沙丁鱼（Sardinops species）、金枪鱼（Thunnus species, Eut	Muscle meat of the following fish：bonito（Sarda sarda）common two-banded seabream（Diplodus vulgaris）eel（Anguilla anguilla）grey mullet（Mugil labrosus labrosus）horse mackerel or scad（Trachurus species）louvar or luvar（Luvarus imperialis）mackerel	镉	Cadmium	0.10 mg/kg	此类别中的鱼是根据理事会条例（EC）No 104/2000（OJ L 17, 21.1.2000, p. 22）第 1 条所列的类别（a）进行定义的，但不包括 CN 编码为 03027000 的鱼肝；若鱼拟用于整条食用，则最大限量适用于整条鱼
下列鱼的肉：琵琶鱼 anglerfish（Lophius species）、大西洋鲶鱼 Atlantic catfish（Anarhichas lupus）、鲣鱼 bonito（Sarda sarda）、鳗鱼 eel（Anguilla species）、皇帝鱼 emperor、橙连鳍鲑 orange roughy、金鳞鱼 rosy soldierfish（Hoplostethus species）grenadier（Coryphaenoides rupestris）、大比目鱼 hal	Muscle meat of the following fish（24）（25）：anglerfish（Lophius species）Atlantic catfish（Anarhichas lupus）bonito（Sarda sarda）eel（Anguilla species）emperor, orange roughy, rosy soldierfish（Hoplostethus species）grenadier（Coryphaenoides rupestr	汞	Mercury	1.0 mg/kg	

126

表(续)

食品中文名	食品英文名	污染物中文名	污染物英文名	限量	使用限制及备注中文
下列鱼的肉:凤尾鱼(Engraulis species)、剑鱼(Xiphias gladius)	Muscle meat of the following fish: anchovy (Engraulis species) swordfish (Xiphias gladius)	镉	Cadmium	0.30 mg/kg	此类别中的鱼是根据理事会条例(EC) No 104/2000 (OJ L 17, 21.1.2000, p. 22)第1条所列的类别(a)进行定义的,但不包括CN编码为03027000的鱼肝;若鱼拟用于整条食用,则最大限量适用于整条鱼
下列鱼的肉:炸弹鱼(圆舵鲣 Auxis species)	Muscle meat of the following fish: bullet tuna (Auxis species)	镉	Cadmium	0.20 mg/kg	此类别中的鱼是根据理事会条例(EC) No 104/2000 (OJ L 17, 21.1.2000, p. 22)第1条所列的类别(a)进行定义的,但不包括CN编码为03027000的鱼肝;若鱼拟用于整条食用,则最大限量适用于整条鱼
下列种类的香料:辣椒属(其干果,整个的或者磨碎的,包括干辣椒、干辣椒粉、牛角椒、红辣椒粉)、胡椒属(其果实,包括白胡椒和黑胡椒)。印尼肉豆蔻(肉豆蔻)、姜(生姜)、姜黄(郁金姜黄),含有一个或多个上述香料的混合物	Following species of spices: Capsicum spp. (dried fruits thereof, whole or ground, including chillies, chilli powder, cayenne and paprika) Piper spp. (fruits thereof, including white and black pepper) Myristica fragrans (nutmeg) Zingiber officinale (ginger	黄曲霉毒素(B1、B2、G1和G2的总量)	Aflatoxins (Sum of B1, B2, G1 and G2)	10.0μg/kg	
下列种类的香料:辣椒属(其干果,整个的或者磨碎的,包括干辣椒、干辣椒粉、牛角椒、红辣椒粉)胡椒属(其果实,包括白胡椒和黑胡椒)印尼肉豆蔻(肉豆蔻)姜(生姜)姜黄(郁金姜黄),含有一个或多个上述香料的混合物	Following species of spices: Capsicum spp. (dried fruits thereof, whole or ground, including chillies, chilli powder, cayenne and paprika) Piper spp. (fruits thereof, including white and black pepper) Myristica fragrans (nutmeg) Zingiber officinale	黄曲霉毒素 B1	Aflatoxins B1	5.0μg/kg	
香料,包括干香料:含有下列一个或多个香料的混合物:胡椒属(果实部分,包括黑色和白色胡椒),肉豆蔻(nutmeg)、干姜(ginger)、姜黄(turmeric),辣椒属(其干果,整个的或者磨碎的,包括干辣椒、干辣椒粉、牛角椒、以及红辣椒粉)	Spices, including dried spices: Mixtures of spices containing one of the abovementioned spices	赭曲霉素 A	Ochratoxin A	15μg/kg	
香料,包括干香料:胡椒属(果实部分,包括黑色和白色胡椒)、肉豆蔻(nutmeg)、干姜(ginger)、姜黄(turmeric)	Spices, including dried spices: Piper spp (fruits thereof, including white and black pepper) Myristica fragrans (nutmeg) Zingiber officinale (ginger) Curcuma longa (turmeric)	赭曲霉素 A	Ochratoxin A	15μg/kg	

表(续)

食品中文名	食品英文名	污染物中文名	污染物英文名	限量	使用限制及备注中文
香料,包括干香料:辣椒属(其干果,整个的或者磨碎的,包括干辣椒、干辣椒粉、牛角椒、红辣椒粉)	Spices, including dried spices:Capsicum spp. (dried fruits thereof, whole or ground, including chillies, chilli powder, cayenne and paprika)	赭曲霉素 A	Ochratoxin A	15μg/kg	从 2015 年 1 月 1 日起
头足类动物(不含内脏)	Cephalopods (without viscera)	镉	Cadmium	1.0 mg/kg	食品属于条例(EC)NO 104/2000 第 1 条所列的类别(c)和类别(f),若适用(相关条目中所列的种类),则适用第 2(1)条和 2(2)条
未加工谷物	Unprocessed cereals	赭曲霉素 A	Ochratoxin A	5.0μg/kg	
未加工谷物以及谷类产品	Unprocessed cereals and cereal products	T-2 和 HT-2 毒素	T-2 and HT-2 toxin	未规定	大米不包括在"谷物"中,并且大米制品不包括在"谷物制品"中
未加工牛奶,热处理牛奶和奶制品加工中的用奶	Raw milk, heat-treated milk and milk for the manufacture of milk-based products	铅	Lead	0.020 mg/kg	根据2004年4月29日规定了动物源食品的具体卫生规则的欧洲议会和理事会条例853/2004中指定的此类食品范畴(OJ L 226,25.6.2004,第 22 页)
未加工硬小麦和燕麦	Unprocessed durum wheat and oats	脱氧雪腐镰刀菌烯醇	Deoxynivalenol	1 750 μg/kg	大米不包括在"谷物"中,并且大米制品不包括在"谷物制品"中
未加工玉米,不包括拟用于通过湿磨处理的未加工玉米	Unprocessed maize, with the exception of unprocessed maize intended to be processed by wet milling	脱氧雪腐镰刀菌烯醇	Deoxynivalenol	1 750 μg/kg	大米不包括在"谷物"中,并且大米制品不包括在"谷物制品"中
未加工玉米,不包括拟用于通过湿磨处理的未加工玉米	Unprocessed maize with the exception of unprocessed maize intended to be processed by wet milling	玉米赤霉烯酮	Zearalenone	350μg/kg	大米不包括在"谷物"中,并且大米制品不包括在"谷物制品"中
未加工玉米,不包括拟用于通过湿磨处理的未加工玉米	Unprocessed maize with the exception of unprocessed maize intended to be processed by wet milling	伏马菌素 B1 和 B2 总量	Fumonisins B1 +B2	4 000 μg/kg	该最高限量水平于2007年10月1日起适用
无花果干	Dried figs	黄曲霉毒素 B1	Aflatoxins B1	6.0μg/kg	
无花果干	Dried figs	黄曲霉毒素(B1、B2、G1 和 G2 的总量)	Aflatoxins (Sum of B1, B2, G1 and G2)	10.0μg/kg	
双壳贝类	Bivalve molluscs	镉	Cadmium	1.0 mg/kg	食品属于条例(EC)NO 104/2000 第 1 条所列的类别(c)和类别(f),若适用(相关条目中所列的种类)。若为干制、稀释和(或)组合食品,则适用第 2(1)条和 2(2)条
双壳贝类(熏制)	Bivalve molluscs (smoked)	苯并芘	Benzo (a) pyrene	6.0μg/kg	
双壳贝类(熏制)	Bivalve molluscs (smoked)	苯并(a)芘,苯并(a)蒽,苯并(b)荧蒽和苯并菲的总量	Sum of benzo (a) - pyrene, benz (a) anthracene, benzo (b) fluoranthene and chrysene	35.0μg/kg	

表(续)

食品中文名	食品英文名	污染物中文名	污染物英文名	限量	使用限制及备注中文
水果,不包括浆果和小果实	Fruit, excluding berries and small fruit	铅	Lead	0.10 mg/kg	最大限量适用于清洗过的蔬菜或水果和已分离的可食用部分
水解植物蛋白	Hydrolysed vegetable protein	锡	Tin	20 mg/kg	最大限量适用于含有40%干物质的液态产品,干物质相应的最大限量为5ug/kg。限量需要根据产品中干物质的含量进行调整
水解植物蛋白	Hydrolysed vegetable protein	3-氯丙醇(3-MCPD)	3-monochloro-propane-1,2-diol (3-MCPD)	20μg/kg	
饲料	Feedingstuffs	铯134和铯137的总和	Sum of Cs-134 and Cs-137	500 Bq/kg	为确保应用于日本的现有行动水平的一致性,这些值暂时取代理事会条例(Euratom) No 770/90中制定的值|原产于或从日本运输的饲料和食品
饲料	Feedingstuffs	碘的同位素总和,主要是I-131	Sum of Iso-topes of iodine, notably I-131	2 000 Bq/kg	该值是在评估碘从饲料迁移到食品中的迁移因子时临时制定的,并与食品采用的值相同|原产于或从日本运输的饲料和食品
所有罐装食品,不包括罐装饮料	Canned foods other than beverages	锡	Tin	200 mg/kg	
头足类动物(不含内脏)	Cephalopods (without viscera)	铅	Lead	1.0 mg/kg	食品属于条例(EC)NO 104/2000第1条所列的类别(c)和类别(f),若适用(相关条目中所列的种类)。若为干制、稀释和(或)组合食品,则适用第2(1)条和2(2)条
食品补充剂	Food supplements	汞	Mercury	0.10 mg/kg	最大限量适用于出售的食品补充剂
食品添加剂	Food supplements	铅	Lead	3.0 mg/kg	最大限量适用于出售的食品添加剂
食品添加剂,但不包括由干海带、海藻衍生产品或干双壳贝类专门或主要组成的食品添加剂	Food supplements excl. food supplements listed in point 3.2.20	镉	Cadmium	1.0 mg/kg	最大限量适用于出售的食品补充剂
食用菌,但不包括:双孢菇(common mushroom),平菇(Oyster mushroom),香菇(Shiitake mushroom)	Fungi, excluding those listed in point 3.2.17	镉	Cadmium	1.0 mg/kg	最大限量适用于清洗过的蔬菜或水果和已分离的可食用部分
蔬菜,不包括芸薹属蔬菜、叶类蔬菜、新鲜香草、菌类和海草。土豆的最高残留限量适用于去皮土豆	Vegetables, excluding brassica vegetables, leaf vegetables, fresh herbs, fungi and seaweed. For potatoes the maximum level applies to peeled potatoes.	铅	Lead	0.10 mg/kg	最大限量适用于清洗过的蔬菜或水果和已分离的可食用部分
蔬菜和水果,不包括叶类蔬菜、新鲜的香草、叶类甘蓝类蔬菜、菌类、茎类蔬菜,根和块茎类蔬菜和海带	Vegetables and fruit, excluding leaf vegetables, fresh herbs, leafy brassica, fungi, stem vegetables, root and tuber vegetables and seaweed	镉	Cadmium	0.050 mg/kg	最大限量适用于清洗过的蔬菜或水果和已分离的可食用部分
蔬菜油和脂肪	Vegetable oils and fats	二噁英总量(WHO-PCDD/F-TEQ)	Sum of dioxins (WHO-PCDD/F-TEQ)	0.75pg/g	上界浓度:上界浓度是将低于检测限的同类物质的含量等同于检测限计算得出的。以脂肪为基础计算

表(续)

食品中文名	食品英文名	污染物中文名	污染物英文名	限量	使用限制及备注中文
蔬菜油和脂肪	Vegetable oils and fats	二噁英和二噁英类多氯联苯总量(WHO-PCDD/F-PCB-TEQ)	Sum of dioxins and dioxin-like PCBS(WHO-PCDD/F-PCB-TEQ)	1.25pg/g	上界浓度:上界浓度是将低于检测限的同类物质的含量等同于检测限计算得出的。以脂肪为基础计算
蔬菜油和脂肪	Vegetable oils and fats	PCB28,PCB52,PCB101,PCB138,PCB153 和 PCB180 的总量(ICES-6)	Sum of PCB28,PCB52,PCB101,PCB138,PCB153 and PCB180(ICES-6)	40 ng/g	上界浓度:上界浓度是将低于检测限的同类物质的含量等同于检测限计算得出的。以脂肪为基础计算
双壳贝类	Bivalve molluscs	铅	Lead	1.5 mg/kg	食品属于条例(EC)NO 104/2000 第 1 条所列的类别(c)和类别(f),若适用(相关条目中所列的种类)。若为干制、稀释和(或)组合食品,则适用第 2(1)条和 2(2)条
牛属动物和绵羊的脂肪	fat of the bovine animals and sheep	二噁英和二噁英类多氯联苯总量(WHO-PCDD/F-PCB-TEQ)	Sum of dioxins and dioxin-like PCBS(WHO-PCDD/F-PCB-TEQ)	4.0pg/g	上界浓度:上界浓度是将低于检测限的同类物质的含量等同于检测限计算得出的。以脂肪为基础计算
牛属动物和绵羊的脂肪	fat of the bovine animals and sheep	PCB28,PCB52,PCB101,PCB138,PCB153 和 PCB180 的总量(ICES-6)	Sum of PCB28,PCB52,PCB101,PCB138,PCB153 and PCB180(ICES-6)	40 ng/g	上界浓度:上界浓度是将低于检测限的同类物质的含量等同于检测限计算得出的。以脂肪为基础计算
葡萄酒(包括起泡葡萄酒,不包括利口酒和酒精度不低于 15% vol 的葡萄酒)以及水果酒	Wine (including sparkling wine, excluding liqueur wine and wine with an alcoholic strength of not less than 15 % vol) and fruit wine	赭曲霉素 A	Ochratoxin A	2.0μg/kg	根据 1999 年 5 月 17 日关于规定了葡萄酒的市场共同组织的理事会条例(EC)No 1493/1999(OJ L 179,14.7.1999,p.1)中规定的此分类范畴中所列的食品,该条例根据欧洲联盟同意保加利亚共和国和罗马尼亚共和国加入的条件和安排的草案进行了最新修订(OJL157,21.6.2005,p.29);该最大限量水平适用于 2005 年之后收获的产品
葡萄酒(包括气泡酒,不包括利口酒)、苹果酒、梨酒和水果酒	Wine (including sparkling wine, excluding liqueur wine), cider, perry and fruit wine *	铅	Lead	0.20 mg/kg	根据 1999 年 5 月 17 日关于规定了葡萄酒的市场共同组织的理事会条例(EC)No 1493/1999(OJ L 179,14.7.1999,p.1)中规定的此分类范畴中所列的食品,该条例根据欧洲联盟同意保加利亚共和国和罗马尼亚共和国加入的条件和安排的草案进行了最新修订(OJL157,21.6.2005,p.29);最大限量适用于自 2001 年收获的水果所制成的产品
其他食品,但不包括液体食品	Other foodstuffs, except liquid foodstuffs	锶的同位素总和,主要是 SR-90	Sum of Isotopes of strontium, notably Sr-90	750 Bq/kg	原产于或从日本运输的饲料和食品
其他食品,但不包括液体食品	Other foodstuffs, except liquid foodstuffs	碘的同位素总和,主要是 I-131	Sum of Isotopes of iodine, notably I-131	2 000 Bq/kg	原产于或从日本运输的饲料和食品

表(续)

食品中文名	食品英文名	污染物中文名	污染物英文名	限量	使用限制及备注中文
其他食品,但不包括液体食品	Other foodstuffs, except liquid foodstuffs	钚和超钚元素的 α-放射性同位素总和,主要是钚-239,AM-241	Sum of Alpha-emitting isotopes of plutonium and trans-plutonium elements, notably Pu-239, Am-241	10 Bq/kg	为确保应用于日本的现有行动水平的一致性,这些值暂时取代理事会条例(Euratom) No 3954/87 中制定的值|原产于或从日本运输的饲料和食品
其他食品,但不包括液体食品	Other foodstuffs, except liquid foodstuffs	所有的半衰期超过 10 天的其他核素,主要是铯 134,铯 137,但不包括 C-14 and H-3	Sum of all other nuclides of half-life greater than 10 days, notably Cs-134 and Cs-137, except C-14 and H-3	500 Bq/kg	为确保应用于日本的现有行动水平的一致性,这些值暂时取代理事会条例(Euratom) No 3954/87 中制定的值|原产于或从日本运输的饲料和食品
乳和乳制品	Milk and dairy products	锶的同位素总和,主要是 SR-90	Sum of Isotopes of strontium, notably Sr-90	125Bq/kg	原产于或从日本运输的饲料和食品
乳和乳制品	Milk and dairy products	碘的同位素总和,主要是 I-131	Sum of Isotopes of iodine, notably I-131	300Bq/kg	为确保应用于日本的现有行动水平的一致性,这些值暂时取代理事会条例(Euratom) No 3954/87 中制定的值|原产于或从日本运输的饲料和食品
牛、羊、猪、家禽和马的肾脏	Kidney of bovine animals, sheep, pig, poultry and horse	镉	Cadmium	1.0 mg/kg	根据 2004 年 4 月 29 日规定了动物源食品的具体卫生规则的欧洲议会和理事会条例 853/2004 中指定的此类食品范畴(OJ L 226,25.6.2004,第 22 页)
牛、羊、猪和家禽的下水	Offal of bovine animals, sheep, pig and poultry	铅	Lead	0.50 mg/kg	根据 2004 年 4 月 29 日规定了动物源食品的具体卫生规则的欧洲议会和理事会条例 853/2004 中指定的此类食品范畴(OJ L 226,25.6.2004,第 22 页)
牛、羊、猪和家禽肉,不包括下水	Meat (excluding offal) of bovine animals, sheep, pig and poultry	铅	Lead	0.10 mg/kg	根据 2004 年 4 月 29 日规定了动物源食品的具体卫生规则的欧洲议会和理事会条例 853/2004 中指定的此类食品范畴(OJ L 226,25.6.2004,第 22 页)
牛、羊、猪和家禽肉,不包括下水	Meat (excluding offal) of bovine animals, sheep, pig and poultry	镉	Cadmium	0.050 mg/kg	根据 2004 年 4 月 29 日规定了动物源食品的具体卫生规则的欧洲议会和理事会条例 853/2004 中指定的此类食品范畴(OJ L 226,25.6.2004,第 22 页)
牛和羊的肉以及肉制品(不包括可食用下水)	Meat and meat products (excluding edible offal) of the bovine animals and sheep	二噁英总量(WHO-PCDD/ F-TEQ)	Sum of dioxins (WHO-PCDD/ F-TEQ)	2.5pg/g	上界浓度:上界浓度是将低于检测限的同类物质的含量等同于检测限计算得出的。以脂肪为基础计算
牛和羊的肉以及肉制品(不包括可食用下水)	Meat and meat products (excluding edible offal) of the bovine animals and sheep	二噁英和二噁英类多氯联苯总量(WHO-PCDD/F-PCB-TEQ)	Sum of dioxins and dioxin-like PCBS (WHO-PCDD/F-PCB-TEQ)	4.0pg/g	上界浓度:上界浓度是将低于检测限的同类物质的含量等同于检测限计算得出的。以脂肪为基础计算

表(续)

食品中文名	食品英文名	污染物中文名	污染物英文名	限量	使用限制及备注中文
牛和羊的肉以及肉制品(不包括可食用下水)	Meat and meat products (excluding edible offal) of the bovine animals and sheep	PCB28, PCB52, PCB101, PCB138, PCB153 和 PCB180 的总量(ICES-6)	Sum of PCB28, PCB52, PCB101, PCB138, PCB153 and PCB180 (ICES-6)	40 ng/g	上界浓度:上界浓度是将低于检测限的同类物质的含量等同于检测限计算得出的。以脂肪为基础计算
牛属动物和绵羊、家禽、猪的肝,以及其副产品	Liver of terrestrial animals referred to in 5.1 (6), and derived products thereof,	二噁英和二噁英类多氯联苯总量(WHO-PCDD/F-PCB-TEQ)	Sum of dioxins and dioxin-like PCBS (WHO-PCDD/F-PCB-TEQ)	10.0pg/g	上界浓度:上界浓度是将低于检测限的同类物质的含量等同于检测限计算得出的。以脂肪为基础计算
牛属动物和绵羊、家禽、猪的肝,以及其副产品	Liver of terrestrial animals referred to in 5.1 (6), and derived products thereof,	PCB28, PCB52, PCB101, PCB138, PCB153 和 PCB180 的总量(ICES-6)	Sum of PCB28, PCB52, PCB101, PCB138, PCB153 and PCB180 (ICES-6)	40 ng/g	上界浓度:上界浓度是将低于检测限的同类物质的含量等同于检测限计算得出的。以脂肪为基础计算
牛属动物和绵羊的脂肪	fat of the bovine animals and sheep	二噁英总量(WHO-PCDD/F-TEQ)	Sum of dioxins (WHO-PCDD/F-TEQ)	2.5pg/g	上界浓度:上界浓度是将低于检测限的同类物质的含量等同于检测限计算得出的。以脂肪为基础计算
可溶咖啡(速溶咖啡)	Soluble coffee (instant coffee)	赭曲霉素 A	Ochratoxin A	10.0μg/kg	
落花生(花生)和其他油籽,在供人类食用或者用作食品成分之前要进行分选或者其他物理处理,不包括:-压榨用于精炼植物油生产的落花生(花生)或其他油籽	Groundnuts (peanuts) and other oilseeds, to be subjected to sorting, or other physical treatment, before human consumption or use as an ingredient in foodstuffs, with the exception of: — groundnuts (peanuts) and other oilseeds for crushing for refined ve	黄曲霉毒素 B1	Aflatoxins B1	8.0μg/kg	该最高限量水平适用于落花生和坚果的可食用部分。如果对"带壳"的落花生和坚果进行分析,则在计算黄曲霉素含量时,假定所有毒素均在可食用部分上
落花生(花生)和其他油籽,在供人类食用或者用作食品成分之前要进行分选或者其他物理处理,不包括:-压榨用于精炼植物油生产的落花生(花生)或其他油籽	Groundnuts (peanuts) and other oilseeds, to be subjected to sorting, or other physical treatment, before human consumption or use as an ingredient in foodstuffs, with the exception of: — groundnuts (peanuts) and other oilseeds for crushing for refined ve	黄曲霉毒素(B1, B2, G1 和 G2 的总量)	Aflatoxins (Sum of B1, B2, G1 and G2)	15.0μg/kg	该最高限量水平适用于落花生和坚果的可食用部分。如果对"带壳"的落花生和坚果进行分析,则在计算黄曲霉素含量时,假定所有毒素均在可食用部分上

附录　欧盟食品法规标准节选

表(续)

食品中文名	食品英文名	污染物中文名	污染物英文名	限量	使用限制及备注中文
马肉,不包括下水	Horsemeat, excluding offal	镉	Cadmium	0.20 mg/kg	根据2004年4月29日规定了动物源食品的具体卫生规则的欧洲议会和理事会条例853/2004中指定的此类食品范畴(OJ L 226,25.6.2004,第22页)
蔓生果果脯(穗醋栗,葡萄干以及小葡萄干)	Dried vine fruit (currants, raisins and sultanas)	赭曲霉素A	Ochratoxin A	10.0μg/kg	
面包(包括小型烘烤食品),面粉糕饼,饼干,谷物类小吃和早餐谷物食品,不包括玉米类小吃和玉米类早餐粮食	Bread (including small bakery wares), pastries, biscuits, cereal snacks and breakfast cereals, excluding maize snacks and maize based breakfast cereals	玉米赤霉烯酮	Zearalenone	50μg/kg	大米不包括在"谷物"中,并且大米制品不包括在"谷物制品"中
面包(包括小型烘烤食品),面粉糕饼,饼干,谷物类小吃和早餐类谷物食品	Bread (including small bakery wares), pastries, biscuits, cereal snacks and breakfast cereals	脱氧雪腐镰刀菌烯醇	Deoxynivalenol	500μg/kg	大米不包括在"谷物"中,并且大米制品不包括在"谷物制品"中
面食(干的)	Pasta (dry)	脱氧雪腐镰刀菌烯醇	Deoxynivalenol	750μg/kg	大米不包括在"谷物"中,并且大米制品不包括在"谷物制品"中
牛、羊、家禽、猪的肝脏,以及其副产品	Liver of terrestrial animals referred to in 5.1(6), and derived products thereof,	二噁英总量(WHO-PCDD/F-TEQ)	Sum of dioxins(WHO-PCDD/F-TEQ)	4.5pg/g	上界浓度:上界浓度是将低于检测限的同类物质的含量等同于检测限计算得出的。以脂肪为基础计算
牛、羊、猪、家禽和马的肝脏	Liver of bovine animals, sheep, pig, poultry and horse	镉	Cadmium	0.50 mg/kg	根据2004年4月29日规定了动物源食品的具体卫生规则的欧洲议会和理事会条例853/2004中指定的此类食品范畴(OJ L 226,25.6.2004,第22页)
酱油	Soy sauce	3-氯丙醇(3-MCPD)	3-monochloropropane-1,2-diol(3-MCPD)	20μg/kg	
茎类蔬菜,根和块茎类蔬菜,不包括(芹菜)。土豆的最高残留限量适用于去皮土豆	Stem vegetables, root and tuber vegetables excluding celeriac(27). For potatoes the maximum level applies to peeled potatoes.	镉	Cadmium	0.10 mg/kg	最大限量适用于清洗过的蔬菜或水果和已分离的可食用部分
精炼玉米油	Refined maize oil	玉米赤霉烯酮	Zearalenone	400μg/kg	大米不包括在"谷物"中,并且大米制品不包括在"谷物制品"中
酒精类饮料、苹果酒以及其他由苹果酒制成或含有苹果汁的发酵饮料	Spirit drinks, cider and other fermented drinks derived from apples or containing apple juice	棒曲霉素	Patulin	50μg/kg	根据1989年5月29日关于规定了酒精饮料定义、描述和介绍的通用规定的理事会条例(EEC)No 1576/89(OJ L 160,12.6.1989,第1页)中规定的本分类范畴中所列的食品,该条例根据欧洲联盟同意保加利亚共和国和罗马尼亚共和国加入的条件和安排的草案进行了最新修订
卷心莴苣	'Iceberg' type lettuce	硝酸盐	Nitrate	2 500 mg/kg	以NO_3计

表(续)

食品中文名	食品英文名	污染物中文名	污染物英文名	限量	使用限制及备注中文
卷心莴苣	'Iceberg' type lettuce	硝酸盐	Nitrate	2 000 mg/kg	以 NO_3 计
烤制咖啡豆以及磨碎的烤制咖啡豆,不包括速溶咖啡	Roasted coffee beans and ground roasted coffee, excluding soluble coffee	赭曲霉素 A	Ochratoxin A	5.0μg/kg	
可可豆和衍生产品	Cocoa beans and derived products	苯并芘	Benzo(a)pyrene	5.0μg/kg	以脂肪为计算基础
可可豆和衍生产品	Cocoa beans and derived products	苯并(a)芘,苯并(a)蒽,苯并(b)荧蒽和苯并菲的总量	Sum of benzo(a)-pyrene, benz(a)anthracene, benzo(b)fluoranthene and chrysene	35.0μg/kg	以脂肪为计算基础
可可豆和衍生产品	Cocoa beans and derived products	苯并(a)芘,苯并(a)蒽,苯并(b)荧蒽和苯并菲的总量	Sum of benzo(a)-pyrene, benz(a)anthracene, benzo(b)fluoranthene and chrysene	30.0μg/kg	以脂肪为计算基础
海洋动物油(用于人类食用的鱼体油,鱼肝油以及其他海洋有机物)	Marine oils (fish body oil, fish liver oil and oils of other marine organisms intended for human consumption)	二噁英总量(WHO－PCDD/F-TEQ)	Sum of dioxins (WHO－PCDD/F-TEQ)	1.75pg/g	上界浓度:上界浓度是将低于检测限的同类物质的含量等同于检测限计算得出的。以脂肪为基础计算
海洋动物油(用于人类食用的鱼体油,鱼肝油以及其他海洋有机物)	Marine oils (fish body oil, fish liver oil and oils of other marine organisms intended for human consumption)	二噁英和二噁英类多氯联苯总量(WHO-PCDD/F-PCB-TEQ)	Sum of dioxins and dioxin-like PCBS (WHO-PCDD/F-PCB-TEQ)	6.0pg/g	上界浓度:上界浓度是将低于检测限的同类物质的含量等同于检测限计算得出的。以脂肪为基础计算
海洋动物油(用于人类食用的鱼体油,鱼肝油以及其他海洋有机物)	Marine oils (fish body oil, fish liver oil and oils of other marine organisms intended for human consumption)	PCB28,PCB52,PCB101,PCB138,PCB153 和 PCB180 的总量(ICES-6)	Sum of PCB28, PCB52, PCB101, PCB138, PCB153 and PCB180 (ICES-6)	200 ng/g	上界浓度:上界浓度是将低于检测限的同类物质的含量等同于检测限计算得出的。以脂肪为基础计算
混合动物脂肪	Mixed animal fats	二噁英总量(WHO－PCDD/F-TEQ)	Sum of dioxins (WHO－PCDD/F-TEQ)	1.5pg/g	上界浓度:上界浓度是将低于检测限的同类物质的含量等同于检测限计算得出的。以脂肪为基础计算
混合动物脂肪	Mixed animal fats	二噁英和二噁英类多氯联苯总量(WHO-PCDD/F-PCB-TEQ)	Sum of dioxins and dioxin-like PCBS (WHO-PCDD/F-PCB-TEQ)	2.50pg/g	上界浓度:上界浓度是将低于检测限的同类物质的含量等同于检测限计算得出的。以脂肪为基础计算

表(续)

食品中文名	食品英文名	污染物中文名	污染物英文名	限量	使用限制及备注中文
混合动物脂肪	Mixed animal fats	PCB28,PCB52,PCB101,PCB138,PCB153 和PCB180 的总量（ICES-6）	Sum of PCB28,PCB52,PCB101,PCB138,PCB153 and PCB180（ICES-6）	40 ng/g	上界浓度:上界浓度是将低于检测限的同类物质的含量等同于检测限计算得出的。以脂肪为基础计算
鸡蛋和蛋制品	Hen eggs and egg products	二噁英总量（WHO-PCDD/F-TEQ）	Sum of dioxins（WHO-PCDD/F-TEQ）	2.5 pg/g	上界浓度:上界浓度是将低于检测限的同类物质的含量等同于检测限计算得出的。以脂肪为基础计算
鸡蛋和蛋制品	Hen eggs and egg products	二噁英和二噁英类多氯联苯总量（WHO-PCDD/F-PCB-TEQ）	Sum of dioxins and dioxin-like PCBS（WHO-PCDD/F-PCB-TEQ）	5.0 pg/g	上界浓度:上界浓度是将低于检测限的同类物质的含量等同于检测限计算得出的。以脂肪为基础计算
鸡蛋和蛋制品	Hen eggs and egg products	PCB28,PCB52,PCB101,PCB138,PCB153 和PCB180 的总量（ICES-6）	Sum of PCB28,PCB52,PCB101,PCB138,PCB153 and PCB180（ICES-6）	40 ng/g	上界浓度:上界浓度是将低于检测限的同类物质的含量等同于检测限计算得出的。以脂肪为基础计算
加料葡萄酒(亦称混合型葡萄酒),加料葡萄酒饮料和以加料葡萄酒产品为基础的鸡尾酒	Aromatised wine, aromatised wine-based drinks and aromatised wine-product cocktails	赭曲霉素 A	Ochratoxin A	2.0μg/kg	根据1991 年6 月10 日关于规定了加香葡萄酒的定义、描述和介绍的通用规定的理事会条例（EEC）No 1601/91（OJ L 149,14.6.1991,p.1）中规定的此分类范畴中所列的食品,该条例根据欧洲联盟同意保加利亚共和国和罗马尼亚共和国加入的条件和安排的草案进行了最新修订,赭曲霉毒素 A 的最大限量适用于这些成品中必须一定比例含有葡萄酒和/或葡萄的饮料;该最大限量水平适用于 2005 年之后收获的产品
家禽肉以及肉制品(不包括可食用下水)	Meat and meat products（excluding edible offal）of the poultry	二噁英总量（WHO-PCDD/F-TEQ）	Sum of dioxins（WHO-PCDD/F-TEQ）	1.75pg/g	上界浓度:上界浓度是将低于检测限的同类物质的含量等同于检测限计算得出的。以脂肪为基础计算
家禽肉以及肉制品(不包括可食用下水)	Meat and meat products（excluding edible offal）of the poultry	二噁英和二噁英类多氯联苯总量（WHO-PCDD/F-PCB-TEQ）	Sum of dioxins and dioxin-like PCBS（WHO-PCDD/F-PCB-TEQ）	3.0pg/g	上界浓度:上界浓度是将低于检测限的同类物质的含量等同于检测限计算得出的。以脂肪为基础计算
家禽肉以及肉制品(不包括可食用下水)	Meat and meat products（excluding edible offal）of the poultry	PCB28,PCB52,PCB101,PCB138,PCB153 和PCB180 的总量（ICES-6）	Sum of PCB28,PCB52,PCB101,PCB138,PCB153 and PCB180（ICES-6）	40 ng/g	上界浓度:上界浓度是将低于检测限的同类物质的含量等同于检测限计算得出的。以脂肪为基础计算
家禽脂肪	fat of the poultry	二噁英总量（WHO-PCDD/F-TEQ）	Sum of dioxins（WHO-PCDD/F-TEQ）	1.75pg/g	上界浓度:上界浓度是将低于检测限的同类物质的含量等同于检测限计算得出的。以脂肪为基础计算

表(续)

食品中文名	食品英文名	污染物中文名	污染物英文名	限量	使用限制及备注中文
家禽脂肪	fat of the poultry	二噁英和二噁英类多氯联苯总量(WHO - PCDD/F-PCB - TEQ)	Sum of dioxins and dioxin - like PCBS(WHO - PCDD/F - PCB - TEQ)	3.0pg/g	上界浓度:上界浓度是将低于检测限的同类物质的含量等同于检测限计算得出的。以脂肪为基础计算
家禽脂肪	fat of the poultry	PCB28,PCB52,PCB101,PCB138,PCB153 和 PCB180 的总量(ICES - 6)	Sum of PCB28,PCB52,PCB101,PCB138,PCB153 and PCB180(ICES - 6)	40 ng/g	上界浓度:上界浓度是将低于检测限的同类物质的含量等同于检测限计算得出的。以脂肪为基础计算
甲壳类动物:肢体和腹部肉。如蟹类和类似甲壳类动物(Brachyura and Anomura)肢体的肌肉	Crustaceans:muscle meat from appendages and abdomen. In case of crabs and crab - like crustaceans(Brachyura and Anomura)muscle meat from appendages.	铅	Lead	0.50 mg/kg	食品属于条例(EC)NO 104/2000 第 1 条所列的类别(c)和类别(f),若适用(相关条目中所列的种类)。若为干制、稀释和(或)组合食品,则适用第 2(1)条和 2(2)条;该定义不包括甲壳类动物的头胸部
甲壳类动物:肢体和腹部肉。如蟹类和类似甲壳类动物(Brachyura and Anomura)肢体的肌肉	Crustaceans:muscle meat from appendages and abdomen. In case of crabs and crab - like crustaceans(Brachyura and Anomura)muscle meat from appendages.	镉	Cadmium	0.50 mg/kg	食品属于条例(EC)NO 104/2000 第 1 条所列的类别(c)和类别(f),若适用(相关条目中所列的种类)。若为干制、稀释和(或)组合食品,则适用第 2(1)条和 2(2)条;该定义不包括甲壳类动物的头胸部
浆果和小果实	Berries and small fruit	铅	Lead	0.20 mg/kg	最大限量适用于清洗过的蔬菜或水果和已分离的可食用部分
酱油	Soy sauce	锡	Tin	20 mg/kg	最大限量适用于含有 40% 干物质的液态产品,干物质相应的最大限量为 5ug/kg。限量需要根据产品中干物质的含量进行调整
供婴儿和幼儿食用的谷类加工食品以及婴儿食品	Processed cereal - based foods and baby foods for infants and young children	黄曲霉毒素 B1	Aflatoxins B1	0.10μg/kg	根据 2006 年 12 月 5 日关于供婴儿和幼儿食用的谷类加工食品以及婴儿食品的委员会指令 2006/125/EC(OJ L 339,6.12.2006,p.16)所规定的本分类范畴中所列的食品;最高限量水平适用于干物质。干物质根据条例(EC)No 401/2006 确定
供婴幼儿食用并贴上此类标签进行销售的苹果汁和固体苹果产品,包括糖渍苹果和苹果原浆	Apple juice and solid apple products, including apple compote and apple puree, for infants and young children and labelled and sold as such	棒曲霉素	Patulin	10.0μg/kg	
供婴幼儿食用的谷类加工食品以及婴儿食品	Processed cereal - based foods and baby foods for infants and young children	赭曲霉素 A	Ochratoxin A	0.5μg/kg	根据 2006 年 12 月 5 日关于供婴儿和幼儿食用的谷类加工食品以及婴儿食品的委员会指令 2006/125/EC(OJ L 339,6.12.2006,p.16)所规定的本分类范畴中所列的食品;最高限量水平适用于干物质。干物质根据条例(EC)No 401/2006 确定

表(续)

食品中文名	食品英文名	污染物中文名	污染物英文名	限量	使用限制及备注中文
供婴幼儿食用的谷物类加工食品	Processed cereal – based foods and baby foods for infants and young children	脱氧雪腐镰刀菌烯醇	Deoxynivalenol	200μg/kg	大米不包括在"谷物"中,并且大米制品不包括在"谷物制品"中
谷物,不包括麸、酵母、小麦和大米	Cereals excluding bran, germ, wheat and rice	镉	Cadmium	0.10 mg/kg	
罐装的婴儿食品和婴幼儿谷类加工的食品,不包括干制和粉装食品	Canned baby foods and processed cereal – based foods for infants and young children, excluding dried and powdered products	锡	Tin	50 mg/kg	根据2006年12月5日关于供婴儿和幼儿食用的谷类加工食品以及婴儿食品的委员会指令2006/125/EC(OJ L 339, 6.12.2006, p.16)所规定的本分类范畴中所列的食品;最大限量适用于待售产品
罐装饮料,包括果汁和蔬菜汁	Canned beverages, including fruit juices and vegetable juices	锡	Tin	100 mg/kg	
罐装婴儿配方及后续配方食品(包括婴儿牛奶和延续奶粉),不包括干的和粉状产品	Canned infant formulae and follow – on formulae (including infant milk and follow – on milk), excluding dried and powdered products	锡	Tin	50 mg/kg	对于牛奶和奶制品,最高限量水平适用于现成可用的产品(此类销售产品或者根据生产厂家指导再造的产品),对于除了牛奶和奶制品以外的产品,最高限量水平针对的是干物质。干物质根据条例(EC) No 401/2006确定。最大限量适用于待售产品
果汁,用于再生产的浓缩果汁以及果肉饮料	Fruit juices, concentrated fruit juices as reconstituted and fruit nectars	棒曲霉素	Patulin	50μg/kg	根据2001年12月20日关于人类食用的果汁和某些类似产品的理事会指令2001/112/EC定义的本分类范畴所列的食品(OJ L 10, 12.1.2002, P.58)
果汁,用于再制造的浓缩果汁和果蜜	Fruit juices, concentrated fruit juices as reconstituted and fruit nectars	铅	Lead	0.050 mg/kg	根据2001年12月20日关于人类食用的果汁和某些类似产品的理事会指令2001/112/EC定义的本分类范畴所列的食品(OJ L 10,12.1.2002,P.58)
供人类直接食用或者用作食品成分的巴旦木、开心果和杏仁	Almonds, pistachios and apricot kernels, intended for direct human consumption or use as an ingredient in foodstuffs	黄曲霉毒素B1	Aflatoxins B1	8.0μg/kg	该最高限量水平适用于落花生和坚果的可食用部分。如果对"带壳"的落花生和坚果进行分析,则在计算黄曲霉素含量时,假定所有毒素均在可食用部分上
供人类直接食用或者用作食品成分的巴旦木、开心果和杏仁	Almonds, pistachios and apricot kernels, intended for direct human consumption or use as an ingredient in foodstuffs	黄曲霉毒素(B1, B2, G1和G2的总量)	Aflatoxins (Sum of B1, B2, G1 and G2)	10.0μg/kg	该最高限量水平适用于落花生和坚果的可食用部分。如果对"带壳"的落花生和坚果进行分析,则在计算黄曲霉素含量时,假定所有毒素均在可食用部分上
供人类直接食用或者用作食品成分的的坚果及其制品,不包括巴旦木、开心果、杏仁、榛子和巴西坚果	Tree nuts, other than the tree nuts listed in 2.1.6 and 2.1.7, and processed products thereof, intended for direct human consumption or use as an ingredient in foodstuff	黄曲霉毒素B1	Aflatoxins B1	2.0μg/kg	该最高限量水平适用于落花生和坚果的可食用部分。如果对"带壳"的落花生和坚果进行分析,则在计算黄曲霉素含量时,假定所有毒素均在可食用部分上

表(续)

食品中文名	食品英文名	污染物中文名	污染物英文名	限量	使用限制及备注中文
供人类直接食用或者用作食品成分的的坚果及其制品,不包括巴旦木、开心果、杏仁、榛子和巴西坚果	Tree nuts, other than the tree nuts listed in 2.1.6 and 2.1.7, and processed products thereof, intended for direct human consumption or use as an ingredient in foodstuff	黄曲霉毒素(B1,B2,G1和G2的总量)	Aflatoxins (Sum of B1, B2, G1 and G2)	4.0μg/kg	该最高限量水平适用于落花生和坚果的可食用部分。如果对"带壳"的落花生和坚果进行分析,则在计算黄曲霉素含量时,假定所有毒素均在可食用部分上
供人类直接食用或者用作食品成分的果脯及其制成品,不包括无花果干	Dried fruit, other than dried figs, and processed products thereof, intended for direct human consumption or use as an ingredient in foodstuffs	黄曲霉毒素B1	Aflatoxins B1	2.0μg/kg	
供人类直接食用或者用作食品成分的果脯及其制成品,不包括无花果干	Dried fruit, other than dried figs, and processed products thereof, intended for direct human consumption or use as an ingredient in foodstuffs	黄曲霉毒素(B1,B2,G1和G2的总量)	Aflatoxins (Sum of B1, B2, G1 and G2)	4.0μg/kg	
供人类直接食用或者用作食品成分的落花生(花生)和其他油籽及其加工产品,但不包括:-用于精炼的植物油原油 -精炼植物油	Groundnuts (peanuts) and other oilseeds and processed products thereof, intended for direct human consumption or use as an ingredient in foodstuffs, with the exception of: — crude vegetable oils destined for refining — refined vegetable oils	黄曲霉毒素B1	Aflatoxins B1	2.0μg/kg	该最高限量水平适用于落花生和坚果的可食用部分。如果对"带壳"的落花生和坚果进行分析,则在计算黄曲霉素含量时,假定所有毒素均在可食用部分上
供人类直接食用或者用作食品成分的落花生(花生)和其他油籽及其加工产品,但不包括:-用于精炼的植物油原油 -精炼植物油	Groundnuts (peanuts) and other oilseeds and processed products thereof, intended for direct human consumption or use as an ingredient in foodstuffs, with the exception of: — crude vegetable oils destined for refining — refined vegetable oils	黄曲霉毒素(B1,B2,G1和G2的总量)	Aflatoxins (Sum of B1, B2, G1 and G2)	4.0μg/kg	该最高限量水平适用于落花生和坚果的可食用部分。如果对"带壳"的落花生和坚果进行分析,则在计算黄曲霉素含量时,假定所有毒素均在可食用部分上
供人类直接食用或者用作食品成分的榛子和巴西坚果	Hazelnuts and Brazil nuts, intended for direct human consumption or use as an ingredient in foodstuffs	黄曲霉毒素B1	Aflatoxins B1	5.0μg/kg	该最高限量水平适用于落花生和坚果的可食用部分。如果对"带壳"的落花生和坚果进行分析,则在计算黄曲霉素含量时,假定所有毒素均在可食用部分上

附录 欧盟食品法规标准节选

表（续）

食品中文名	食品英文名	污染物中文名	污染物英文名	限量	使用限制及备注中文
供人类直接食用或者用作食品成分的榛子和巴西坚果	Hazelnuts and Brazil nuts, intended for direct human consumption or use as an ingredient in foodstuffs	黄曲霉毒素（B1，B2，G1和G2的总量）	Aflatoxins（Sum of B1，B2，G1 and G2）	10.0μg/kg	该最高限量水平适用于落花生和坚果的可食用部分。如果对"带壳"的落花生和坚果进行分析，则在计算黄曲霉素含量时，假定所有毒素均在可食用部分上
麸、酵母、小麦和大米	Bran，germ，wheat and rice	镉	Cadmium	0.20 mg/kg	
干香料、调味料及蔬菜调料	Dried aromatic herbs，spices and vegetable seasonings	辐射剂量	radiation dose	10 kGy	最大总平均辐射吸收计量
甘草（光果甘草甘草，胀果甘草及其他种类）：甘草根及草药成分	Liquorice（Glycyrrhiza glabra，Glycyrrhiza inflate and other species）：Liquorice root，ingredient for herbal infusion	赭曲霉素 A	Ochratoxin A	20μg/kg	
甘草（光果甘草甘草，胀果甘草及其他种类）：甘草提取物，用于食品，特别是饮料和糖果	Liquorice（Glycyrrhiza glabra，Glycyrrhiza inflate and other species）：	赭曲霉素 A	Ochratoxin A	80μg/kg	最大限量适用于纯的和未稀释的提取物，即从3-4公斤的甘草中提取1公斤提取物
供人类直接食用的谷类食品，作为最终产品销售的供人类直接食用的谷物面粉，麸皮和胚芽，不包括用于人类直接食用的玉米、玉米制成的小吃和早餐谷物、人类直接食用的玉米、玉米制成的小吃和早餐谷物、婴儿和幼儿使用的谷物类加工食品（不包括加工的玉米类食品）和婴儿食品、婴儿和幼儿使用的玉米类加工食品，CN代码为1103 13 或1103 20 40 的实际粒径＞500 微米的玉米碎和其他 CN代码为 19041010 的并非用于人类直接消费的实际粒径＞500 微米的玉米研磨产品；CN代码为 1102 20 的实际粒径≤500 微	Cereals intended for direct human consumption，cereal flour，bran and germ as end product marketed for direct human consumption，with the exception of foodstuffs listed in 2.4.7，2.4.8 and 2.4.9	玉米赤霉烯酮	Zearalenone	75μg/kg	大米不包括在"谷物"中，并且大米制品不包括在"谷物制品"中

表(续)

食品中文名	食品英文名	污染物中文名	污染物英文名	限量	使用限制及备注中文
供人类直接食用的谷类食品,作为最终产品销售的供人类直接食用的谷物面粉、麸皮和胚芽,但不包括供婴幼儿食用的谷物类加工食品;CN代码为1103 13或1103 20 40的实际粒径>500微米的玉米碎和其他CN代码为1904 10 10的并非用于人类直接消费的实际粒径>500微米的玉米研磨产品;CN代码为1102 20的实际粒径≤500微米的玉米碎和其他CN代码为1904 10 10的并非用于人类直接消费的实际粒径≤500微米的玉米研磨产品	Cereals intended for direct human consumption, cereal flour, bran and germ as end product marketed for direct human consumption, with the exception of foodstuffs listed in 2.4.7, 2.4.8 and 2.4.9	脱氧雪腐镰刀菌烯醇	Deoxynivalenol	750μg/kg	大米不包括在"谷物"中,并且大米制品不包括在"谷物制品"中
供人类直接食用的苹果固体类制品,包括糖渍苹果和苹果原浆并加贴标签,但不包括:供婴幼儿食用并贴上此类标签进行销售的苹果汁和固体苹果产品,包括糖渍苹果和苹果原浆;除供婴幼儿食用的谷物类加工食品之外的婴儿食品	Solid apple products, including apple compote, apple puree intended for direct consumption with the exception of foodstuffs listed in 2.3.4 and 2.3.5	棒曲霉素	Patulin	25μg/kg	
供人类直接食用的葡萄汁、再造浓缩葡萄汁、葡萄果肉饮料、葡萄醪以及再造浓缩葡萄醪	Grape juice, concentrated grape juice as reconstituted, grape nectar, grape must and concentrated grape must as reconstituted, intended for direct human consumption	赭曲霉素A	Ochratoxin A	2.0μg/kg	根据2001年12月20日关于人类食用的果汁和某些类似产品的理事会指令2001/112/EC定义的本分类范畴所列的食品(OJ L 10, 12.1.2002,P.58);该最大限量水平适用于2005年之后收获的产品
供人类直接食用的玉米、供人类直接食用的玉米制成的食物,但不包括:玉米制成的早餐谷物和小吃、婴儿和幼儿用玉米类加工食品和婴儿食品	Maize intended for direct human consumption, maize – based foods for direct human consumption, with the exception of foodstuffs listed in 2.6.3 and 2.6.4	伏马菌素B1和B2总量	Fumonisins B1 +B2	1 000 μg/kg	该最高限量水平于2007年10月1日起适用

表(续)

食品中文名	食品英文名	污染物中文名	污染物英文名	限量	使用限制及备注中文
供人类直接食用的玉米、玉米制成的小吃和早餐谷物	Maize intended for direct human consumption, maize – based snacks and maize – based breakfast cereals	玉米赤霉烯酮	Zearalenone	100μg/kg	大米不包括在"谷物"中,并且大米制品不包括在"谷物制品"中
除未成年食品之外的其他食品	Other foodstuffs except minor foodstuffs	锶同位素,主要是 Sr-90	Isotopes of strontium, notably Sr–90 Sr–90	750 Bq/kg	未成年食品的定义及其适用于它们的相应限量依据本法规第 7 条规定
除小食品之外的其他食品	Other foodstuffs except minor foodstuffs	碘的同位素,主要是 I-131	Isotopes of iodine, notably I–131	2 000 Bq/kg	未成年食品的定义及其适用于它们的相应限量依据本法规第 7 条规定
除小食品之外的其他食品	Other foodstuffs except minor foodstuffs	钚和超钚元素的 α–放射性同位素,主要是钚–239,AM–241	Alpha – emitting isotopes of plutonium and transplutonium elements, notably Pu–239, Am–241	80 Bq/kg	小食品及其适用于它们的相应限量应本法规第 7 条的定义
除小食品之外的其他食品	Other foodstuffs except minor foodstuffs	所有的半衰期超过 10 天的其他核素,主要是铯 134、铯 137	All other nuclides of half–life greater than 10 days, notably Cs – 134, Cs – 137 (7)	1 250 Bq/kg	未成年食品的定义及其适用于它们的相应限量依据本法规第 7 条规定。‖不包括碳-14,氚和钾-40
除婴幼儿配方奶粉和后续配方之外的食品	Food with the exception of infant formulae and follow – on formulae	三聚氰胺及其结构类似物	Melamine and its structural analogues	2.5mg/kg	
除硬小麦、燕麦和玉米之外的未加工谷物	Unprocessed cereals other than durum wheat, oats and maize	脱氧雪腐镰刀菌烯醇	Deoxynivalenol	1 250 μg/kg	大米不包括在"谷物"中,并且大米制品不包括在"谷物制品"中
除玉米以外的未加工谷物	Unprocessed cereals other than maize	玉米赤霉烯酮	Zearalenone	100μg/kg	大米不包括在"谷物"中,并且大米制品不包括在"谷物制品"中
大豆	Soybeans	镉	Cadmium	0.20 mg/kg	
豆类蔬菜、谷类和豆子	Legume vegetables, cereals and pulses	铅	Lead	0.20 mg/kg	最大限量适用于清洗过的蔬菜或水果和已分离的可食用部分
芳香葡萄酒、芳香葡萄酒饮料和芳香葡萄酒制成的鸡尾酒	Aromatized wine, aromatized wine – based drinks and aromatized wine – product cocktails *	铅	Lead	0.20 mg/kg	根据 1991 年 6 月 10 日关于规定了加香葡萄酒的定义、描述和介绍的通用规定的理事会条例(EEC) No 1601/91 (OJ L 149, 14.6.1991, p.1)中规定的此分类范畴中所列的食品,该条例根据欧洲联盟同意保加利亚共和国和罗马尼亚共和国加入的条件和安排的草案进行了最新修订,赭曲霉毒素 A 的最大限量适用于这些成品中必须一定比例含有葡萄酒和/或葡萄的饮料;最大限量适用于自 2001 年收获的水果所制成的产品

表(续)

食品中文名	食品英文名	污染物中文名	污染物英文名	限量	使用限制及备注中文
CN 代码为 1102 20 的实际粒径 ≤ 500 微米的玉米碎和其他 CN 代码为 1904 10 10 的并非用于人类直接消费的实际粒径 ≤ 500 微米的玉米研磨产品	Milling fractions of maize with particle size ≤ 500 micron falling within CN code 1102 20 and other maize milling products with particle size ≤ 500 micron not used for direct human consumption falling within CN code 1904 10 10	脱氧雪腐镰刀菌烯醇	Deoxynivalenol	750μg/kg	大米不包括在"谷物"中,并且大米制品不包括在"谷物制品"中
CN 代码为 1102 20 的实际粒径 ≤ 500 微米的玉米碎和其他 CN 代码为 1904 10 10 的并非用于人类直接消费的实际粒径 ≤ 500 微米的玉米研磨产品	Milling fractions of maize with particle size ≤ 500 micron falling within CN code 1102 20 and other maize milling products with particle size ≤ 500 micron not used for direct human consumption falling within CN code 1904 10 10	玉米赤霉烯酮	Zearalenone	300μg/kg	大米不包括在"谷物"中,并且大米制品不包括在"谷物制品"中
CN 代码为 1102 20 的实际粒径 ≤ 500 微米的玉米碎和其他 CN 代码为 1904 10 10 的并非用于人类直接消费的实际粒径 ≤ 500 微米的玉米研磨产品	Milling fractions of maize with particle size ≤ 500 micron falling within CN code 1102 20 and other maize milling products with particle size ≤ 500 micron not used for direct human consumption falling within CN code 1904 10 10	伏马菌素 B1 和 B2 总量	Fumonisins B1 +B2	2 000 μg/kg	该最高限量水平于 2007 年 10 月 1 日起适用
CN 代码为 1103 13 或 1103 20 40 的实际粒径> 500 微米的玉米碎和其他 CN 代码为 1904 10 10 的并非用于人类直接消费的实际粒径> 500 微米的玉米研磨产品	Milling fractions of maize with particle size > 500 micron falling within CN code 1103 13 or 1103 20 40 and other maize milling products with particle size > 500 micron not used for direct human consumption falling within CN code 1904 10 10	脱氧雪腐镰刀菌烯醇	Deoxynivalenol	750μg/kg	大米不包括在"谷物"中,并且大米制品不包括在"谷物制品"中

表(续)

食品中文名	食品英文名	污染物中文名	污染物英文名	限量	使用限制及备注中文
CN 代码为 1103 13 或 1103 20 40 的实际粒径> 500 微米的玉米碎和其他 CN 代码为 19041010 的并非用于人类直接消费的实际粒径> 500 微米的玉米研磨产品	Milling fractions of maize with particle size > 500 micron falling within CN code 1103 13 or 1103 20 40 and other maize milling products with particle size > 500 micron not used for direct human consumption falling within CN code 1904 10 10	玉米赤霉烯酮	Zearalenone	200μg/kg	大米不包括在"谷物"中,并且大米制品不包括在"谷物制品"中
CN 代码为 1103 13 或 1103 20 40 的实际粒径> 500 微米的玉米碎和其他 CN 代码为 19041010 的并非用于人类直接消费的实际粒径> 500 微米的玉米研磨产品	Milling fractions of maize with particle size > 500 micron falling within CN code 1103 13 or 1103 20 40 and other maize milling products with particle size > 500 micron not used for direct human consumption falling within CN code 1904 10 10	伏马菌素 B1 和 B2 总量	Fumonisins B1 +B2	1 400 μg/kg	该最高限量水平于 2007 年 10 月 1 日起适用
巴旦木、开心果和杏仁,在供人类食用或者用作食品成分之前要进行分选或者其他物理处理	Almonds, pistachios and apricot kernels to be subjected to sorting, or other physical treatment, before human consumption or use as an ingredient in foodstuffs	黄曲霉毒素 B1	Aflatoxins B1	12.0μg/kg	该最高限量水平适用于落花生和坚果的可食用部分。如果对"带壳"的落花生和坚果进行分析,则在计算黄曲霉素含量时,假定所有毒素均在可食用部分上
巴旦木、开心果和杏仁,在供人类食用或者用作食品成分之前要进行分选或者其他物理处理	Almonds, pistachios and apricot kernels to be subjected to sorting, or other physical treatment, before human consumption or use as an ingredient in foodstuffs	黄曲霉毒素(B1, B2, G1 和 G2 的总量)	Aflatoxins (Sum of B1, B2, G1 and G2)	15.0μg/kg	该最高限量水平适用于落花生和坚果的可食用部分。如果对"带壳"的落花生和坚果进行分析,则在计算黄曲霉素含量时,假定所有毒素均在可食用部分上
不直接向消费者出售的面筋	Wheat gluten not sold directly to the consumer	赭曲霉素 A	Ochratoxin A	8.0μg/kg	
除供婴幼儿食用的谷物类加工食品之外的婴儿食品	Baby foods other than processed cereal – based foods for infants and young children	棒曲霉素	Patulin	10.0μg/kg	根据 1999 年 3 月 25 日关于特殊医疗用途的膳食食品的委员会指令 1999/21/EC(OJ L 91,7.4.1999,p.29)所规定的本分类范畴中所列的食品;根据 2006 年 12 月 5 日关于供婴儿和幼儿食用的谷类加工食品以及婴儿食品的委员会指令 2006/125/EC(OJ L 339, 6.12.2006,p.16)所规定的本分类范畴中所列的食品;